# Liebe Leserin, lieber Leser,

„Alle träumten von Kuba" – so heißt ein berühmtes Buch des kubanischen Schriftstellers Miguel Barnet, das von den Hoffnungen galicischer Einwanderer handelt. Nach der Revolution 1959 fand ein anderer kubanischer Traum weltweit Anhänger: der vom neuen Menschen in einer gerechten Gesellschaft. Kuba, das war dann fast 40 Jahre lang: Politik.

Strände, Sonne, Tropenwald, alles, was das Bild anderer karibischer Inseln ausmacht – bei Kuba kam es nur am Rande vor. Das änderte sich erst, als die Welt sich änderte, die Sowjetunion unterging und Kuba sich in der Not dem Tourismus öffnete. Mehr als 1,6 Millionen Besucher hatte die Insel letztes Jahr. Wieder ist Kuba also für viele ein Traumland, doch nun hat die Faszination nicht mehr mit Castro zu tun. Eher mit anderen alten Männern, denen vom „Buena Vista Social Club", und einem Film, in dem sie in klapprigen Straßenkreuzern durch ein wunderbar bröckelndes Havanna kurven.

Solche Bilder im Kopf, fahren Reisende oft ihrer eigenen Nostalgie hinterher – und kommen in ein Land im rasanten Umbruch, wo kapitalistische Reformen den Sozialismus retten sollen und die Gleichheit vorerst auf der Strecke bleibt. Fragen Sie Ihren Taxifahrer: Mit hoher Wahrscheinlichkeit ist er Arzt oder Ingenieur, kann aber davon nicht leben.

**Havanna besticht durch den Charme des Verfalls**

Die Widersprüchlichkeit des heutigen Kuba möchte dieses Heft spiegeln. Es erzählt von Havannas herrlicher, aber verfallender Architektur, von Lebenslust und alltäglichem Überlebenskampf, der Liebe zur Musik und dem Leid zerrissener Familien. Die Fotografen Korda, Corales und Salas kommen zu Wort, deren Bilder den Mythos Revolution schufen, und der Journalist Raúl Rivero, der im Gefängnis saß, weil er den alten Revolutionären nicht zu Gebot ist. Meinungsfreiheit – auch davon kann man auf Kuba träumen.

Ihr

**HOLGER SCHNITGERHANS**

# INHALT KUBA

## MERIAN SERVICE

Text: Roberto Álvarez, Helen Bömelburg



Die Koordinaten hinter den **MERIAN**-Adressen verweisen auf die Planquadrate der großen **MERIAN**-Karte

70 Der Charme der Revolution: Castro bei seinem UNO-Besuch 1959, fotografiert von Roberto Salas



**Titel:** Das Mädchen in Havanna fotografierte Antonina Gern

## Die Süße des Lebens

Zucker ist eins der wenigen Dinge, die es auf Kuba im Überfluss gibt. Sechs Pfund pro Monat erhält jeder Kubaner auf die „libreta“, das Zuteilungsheft, aber manchen ist selbst das noch zu wenig. Wundern Sie sich also nicht, dass Süßes auf der Insel immer sehr süß schmeckt – wie der Kuchen des Verkäufers in Cueto

## Deutungshilfen

Nicht dass Kubaner besonders schweigsam wären – aber sie verstehen sich oft auch ohne Worte. Die in die offene Hand geschlagene Faust warnt vor einem überfüllten Bus oder Kino, die Nase zu rümpfen signalisiert Unverständnis und einen Kuss auf die Fingerspitzen zu hauchen: „Sehr gut!“ Ist von Staatschef Castro die Rede, fassen sich die Kubaner ans Kinn, um den „Bärtigen“ anzudeuten. Ein gezischtes „ks, ks“ ruft, gar nicht unhöflich, den Kellner, und eine in die Luft geschriebene Zahl verlangt die Rechnung

# Herzenssachen

Große Gesten und spannende Spiele: Leidenschaften, die zu Kuba gehören. Nicht alle sind auch der Staatsmacht lieb

## Verbotenes Glück

Der „Neue Mensch“ sollte kein Spieler sein, also verboten die Revolutionäre nicht nur Casinos, sondern auch die Lotterie. Umsonst: Illegale Lotterien gibt es in jedem Viertel, ihren Chefs, den *banqueros*, gelingt es immer wieder, die Tippscheine und Lotto-Kugeln vor der Polizei zu retten

## Beautiful Béisbol

Baseball ist eine nationale Passion. An jeder Ecke gibt es improvisierte Spiele (rechts vor dem Eduardo-Chivas-Gebäude in Havanna). Die Weltspitze-Teams der Nationalliga sind live zu sehen im Estadio Latinoamericano, Stadtteil Regla, Havanna, Consejero Arango esq. Pedroso. Tickets unter Tel. (07) 66 61 22 und 78 20 96

**Ein schönes Bild von Yuneisís Feiertag: Mit der *fiesta quinceañera* an ihrem 15. Geburtstag werden junge Kubanerinnen erwachsen**

25 ROTE ROSEN VIA FLEUROP: € 40
BRILLANTRING: € 1700
EIN WOCHENENDE FÜR ZWEI IN PARIS: € 1050
Sein erster selbst gebackener Kuchen: UNBEZAHLBAR
McCANN-ERICKSON
www.eurocard.de

Kreatives Kuba: Kunst und Kino zeigen ungewohnte Bilder von der Insel

# Sichtweisen

## Überlebenskünstler

Während der Wirtschaftskrise nach 1990 verließen fast alle in den 80er Jahren aktiven Künstler die Insel. Die Zurückgebliebenen litten unter dem kulturellen Vakuum und mussten zudem staatliche Repression fürchten. Das ließ nach, als Castro die Kunst als Devisenquelle entdeckte. Jetzt gibt es viele Künstler, die für Dollars das produzieren, was westliche Käufer gern sehen – und einige wenige, die tatsächlich die Lebenswirklichkeit im heutigen Kuba reflektieren. Zur unabhängigen Avantgarde zählen der Jungstar Kcho (Alexis Leyva, links oben seine „Regatta"), Belkis Ayón und Sandra Ramos. Zentrum der Kunstszene ist die Fondación des deutschen Mäzens Peter Ludwig (Calle 13 No. 509 e/ D y E, apto. 9, Vedado, Telefon und Fax: (07) 33 35 88, e-mail: fludwig@cubarte.cult.cu). Wichtigstes Ereignis ist die Biennale in Havanna, der nächste Termin: 17. November 2000 - 10. Jan. 2001

**Kunst im Netz: In der virtuellen Galerie www.cubanfineart.com sind Werke von fast 100 Künstlern zu sehen – und zu kaufen. Rechts „El grito"(„Der Schrei") von Ricardo Ponce**

## Schlüsselszenen

Leute werden ohnmächtig, wenn sie das Wort „Freiheit" hören, eine Mutter namens „Cuba" verstößt ihren Sohn: Der wunderbare Film „Das Leben, ein Pfeifen" des Regisseurs Fernando Pérez berührt chiffriert und doch unmissverständlich dieTabus der Revolution. Finanziert hat ihn der kubanische Staat

## Filmland Kuba

Das Kino war eine Erfolgsgeschichte der Revolution, das 1959 gegründete staatliche Filminstitut ICAIC produzierte viele herausragende Filme. Diese Zeiten sind wegen Geldmangels vorerst vorbei, aber das alljährlich im Dezember stattfindende Filmfest in Havanna hat immer noch immense Bedeutung für das lateinamerikanische Kino. Im „Cine Charly Chaplin", Calle 23, gibt es dann die begehrten ICAIC-Plakate

CHANDON.
FINEST SPARKLING WINES
OF THE WORLD.
CHANDON
ESPAÑA
BRUT
CHANDON
www.chandon.de
SPAIN • CALIFORNIA • AUSTRALIA • ARGENTINA

Kubaner sitzen am liebsten sanft schaukelnd. Das hat mit dem Wetter auf der Insel zu tun – aber auch mit dem geistigen Klima

# Lebensrhythmus

Unwahrscheinlich, dass dies der einzige Schaukelstuhl im Haus von Elva und ihrem Mann in Cueto ist – Wippsessel treten im Normalfall paarweise auf

**Auf der Veranda** oder im Gang, im Wohn- oder Schlafzimmer – in jeder kubanischen Wohnung gibt es wenigstens *ein* Paar Schaukelstühle. In meinem Wohnzimmer steht zum Beispiel ein Paar, und in meinem Arbeitszimmer ein weiteres, das meinen Großeltern mütterlicherseits gehörte und mich seit meiner Geburt begleitet.

Ich glaube, die Allgegenwart dieses Möbels auf der Insel erklären zu können. Zum einen lockt der Schaukelstuhl beim Schaukeln ein Lüftchen herbei – und ein frischer Windzug ist nicht zu verachten in einem Land, in dem wir im August 37 Grad im Schatten haben.

Zweitens scheint dieser Stuhl den Gesetzen der Schwerkraft ein Schnippchen zu schlagen – und die heimliche oder offene Überschreitung des gesetzlich Vorgeschriebenen ist auf Kuba eine nationale Angewohnheit. Nicht umsonst ist der Schwarzmarkt der florierendste Posten unserer Wirtschaft.

Drittens verwandelt der Schaukelstuhl den Akt des Sitzens in eine Einladung zum Hinlegen, was in ihm selbst – konstruktionsbedingt – unmöglich ist. Und der Kampf um das Unmögliche ist ebenfalls Privileg und Folter der Kubaner.

In einem Schaukelstuhl distanziere ich mich von der Erde und bin zugleich fest am Boden verankert, ich schwinge unaufhörlich zwischen der Senkrechten und einem Anflug von Fallen, ändere in jedem Augenblick meinen Blickwinkel, ohne mich von der Stelle zu rühren, erfinde mir auch bei Windstille ein Lüftchen, bewege mich und bleibe doch reglos. Dies alles zusammengenommen macht den „Schaukelstuhleffekt"aus. Ein Effekt, von dem die Menschheit insgeheim besessen ist, denn er regt die Kreativität im Ruhezustand an.

Im Osten der Insel kennt man die Schaukelstühle unter dem Namen „Wippe", im Westen nennt man sie „Sessel". Das Wort „Wippe" legt den Akzent auf die Tugend der Bewegung. Der Begriff „Sessel" verweist dagegen allein auf die Funktion des Sitzes. Und tatsächlich war der Osten der Insel stets Brutstätte von Unruhe und Energie, die sich dann im Westen festigt und gesetzt wird. So haben die politischen Unruhen auf Kuba immer ihren Anfang in den östlichen Regionen genommen, während sie sich im Westen institutionalisierten. So kommt die reichhaltigste Volksmusik Kubas aus eben jenen östlichen Landstrichen des ewigen rhythmischen Wippens – sogar in tektonischer Hinsicht – und wenn sie sich im westlichen Havanna niederlässt, wird sie schließlich zur allgemein anerkannten, exportfähigen Musik, zur „Salsa".

Schnell will ich ein Vorurteil aus der Welt schaffen. In anderen Breiten werden die Schaukelstühle entweder mit Kleinkindern in Verbindung gebracht, die in den Schlaf gewiegt werden, oder mit Alten, die ihre Langeweile bis zur Übelkeit ausschaukeln. Nichts ist weiter von unserem Gegenstand entfernt. Obwohl auch ich natürlich, dank der funktionellen Großzügigkeit des gesegneten Möbelstücks, früher in einem der Schaukelstühle meiner Großmutter in den Schlaf gewiegt wurde; und wenn ich 100 Jahre zähle, denn darunter mache ich es nicht, wird man auch mich im Schaukelstuhl hängen sehen, im schaurigsten Altenheim von Havanna.

Am kubanischen Schaukelstuhl gleitet keine Linie ins dekorativ Vage ab, alles ist nützlich. Er erweckt den Eindruck von Leichtigkeit und Robustheit zugleich. Der Meister des Designs, Walter Gropius, hätte ihn bewundert. Abgesehen von einem gedrechselten Bein erlaubt sich der Handwerker nur oben an der Lehne bisweilen Voluten und angedeutete Akanthusblätter, lässt seiner Fantasie ein wenig Lauf. Die beiden Schaukelstühle in meinem Wohnzimmer haben eine Lehne aus Gitterwerk; dadurch dehnen sie den Raum aus, machen das Zimmer beinah zur Veranda

Bleibt noch zu klären, warum die Schaukelstühle in Kuba stets paarweise vorkommen. Es hat mit dem Kult um die Zeit nach Tisch zu tun, der auf der Insel herrscht. Die Zigarre, der Kaffee, der dunkle Rum, die Unterhaltung – all dies macht die Zeit nach Tisch aus. Und die Schaukelstühle sind die rituellen Objekte schlechthin, die diese Weisheit nach Tisch ermöglichen; so wird aus dem Leben die Kunst, auf angenehme Art die Zeit mit anderen zu teilen.

**Reinaldo Montero** *lebt als Dramaturg, Schriftsteller und Universitätsdozent in Havanna.*

Foto: Jordis Schlösser

Eine Bauernfamilie in der Provinz Holguín. „Das herrlichste Land, das Menschenaugen je erblickt haben", befand Columbus, als er nicht weit von hier landete

# Kuba im Blick

**Besucher und Bewohner lieben dieses Land. Die einen unbeschwert, die anderen mit Schmerzen, aber voller Lebenslust. Denn diese Insel ist besonders: besonders schön, besonders kompliziert und besonders lange eine Diktatur. Bilder aus einer wundersamen Welt**

Text: Abilio Estévez

Ganz Kuba sei wie eines seiner alten Autos, hat einmal jemand geschrieben: nur durch Geduld, Einfallsreichtum und bloße Willenskraft noch in Bewegung gehalten. Kinder am Meer bei La Esperanza in der Provinz Pinar del Río

Fotos: Arne Müller. Tria Giovan

40 Jahre das Versprechen des Himmelreichs auf Erden, und doch hängen in den Häusern – immer noch oder wieder – Heiligenbilder. Eine Wohnung in der Calle 23 in Havanna

Ein Kind der Revolution, vor dem Bild des Revolutionärs Camilo Cienfuegos. Die Wandmalerei findet sich im Innenhof des Hauses Calle Concordia 418 in Centro Habana

Fotos: Antonina Gern, Jordis Schlösser

Held harter Arbeit: Zuckerrohrschneiden ist eine Schinderei, doch eine vom Regime zur patriotischen Tat verklärte. Ein ***machetero*** bei Marcané im Osten Kubas

Türen, Fenster, Gesichter – alle offen. In dieser Hinsicht ist ganz Kuba ein offenes Land. Das Mädchen schaut auf die Calle Sol in Habana Vieja

Fotos: Antonina Gern

Früher Abend am Malecón. Sich zeigen, reden, lachen, feiern, einander küssen – mehr als irgendein anderer Ort in Havanna ist der breite Uferboulevard die Bühne, auf der das Leben spielt

Jeder will den Augenblick auskosten – den Sonnenuntergang am Malecón, die Flasche Rum, die Umarmung. Denn wer weiß schon, was morgen ist?

Foto: Antonina Gern

Ins Blaue hinein: Wenn es heiß ist in Havanna, also elf Monate im Jahr, springen die Jungen von der Ufermauer des Malecón ins Meer

Fotos: Antonina Gern

In aller Schäbigkeit schön, so ist vieles auf dieser Insel. Blick in ein Wohnzimmer in der Calle O'Reilly in Habana Vieja

Einblicke in den Alltag sind auf Kuba leicht zu haben – man muss nur durch die immer offenen Fenster schauen. Das Mädchen war von der Calle Cienfuegos in Habana Vieja aus zu sehen

Fotos: Antonina Gern, Tria Giovan

# Die Sinnlichkeit des Seins

**Was ist an kubanischer Lebensart so besonders? Die Lust am Sehen, Hören und Berühren, meint der Schriftsteller Abilio Estévez**

Ich weiß nicht, ob Havanna wirklich mehr Fenster besitzt als andere Städte. Doch möchte ich behaupten, dass in keiner anderen Stadt die Fenster so weit offen stehen. Darüber darf hier niemand hinwegsehen: über die Macht der Fenster und ihre indiskrete Anmut, ihre charmante Dreistigkeit.

Sperrangelweit geöffnete Fenster. Fenster ohne Jalousien, ohne Gitter, ohne Gardinen. Fenster, die sich ungezwungen auf die Straße öffnen, auf die Hitze der Straße, in der Hoffnung auf einen Windhauch, im Vertrauen auf einen eventuellen Regenguss, der für ein paar Stunden die Schwüle lindert. Fenster, die sich der Aufdringlichkeit der Blicke öffnen – nicht nur der unverfrorenen Blicke der Passanten in die Häuser, sondern der nicht minder unverfrorenen Blicke der Hausbewohner auf die Passanten.

Die Fenster sind für uns Habaneros das beste Mittel, um allgegenwärtig, an mehreren Orten gleichzeitig zu sein: im Haus und auf der Straße. Das Haus sondert ab. Das Haus ist, wie jeder weiß, das Obdach schlechthin. Der Schutz der Wände. Der Schirm des Dachs. Die Türen und Fenster, die für die erforderliche Distanz sorgen, für Unabhängigkeit nach einem Tag voller – mehr oder weniger harmonischer oder zwiespältiger – Beziehungen zum Nächsten.

Das Haus ist Suche nach Intimität. Der Ort, an dem wir uns verstecken, nachdem wir in die Welt ausgezogen sind, nachdem wir uns so vielen Irrtümern, so vielen Blicken, so vielen Urteilen, so vielen Gefahren ausgesetzt haben. Der Raum, in dem streng das großartige Ritual der Einsamkeit vollzogen wird.

Wir Kubaner jedoch wollen uns nicht einschließen, wollen uns nicht absondern. Ausgesperrt, zurückgezogen und eingeschlossen sind wir schon durch das Meer. Die im Golf von Mexiko verankerte Insel ist ein einziges Gefängnis. In einem denkwürdigen Gedicht, einem der größten, das je in Kuba über Kuba geschrieben wurde, „La isla en peso" („Das Inselgewicht"), hat Virgilio Piñera ein paar schreckliche, gnadenlos zutreffende Verse geschrieben:

„Die verwünschte Allgegenwart des Wassers zwingt mich an den Kaffeehaustisch. Müsste ich nicht denken, dass mich das Wasser umringt wie ein Krebs, ich könnte nach Herzenslust schlafen."

Das Wasser, das einen wie ein Krebs umringt. Das Wasser als Belagerung und Krankheit. Wir Habaneros leben nicht in der Welt. Wir leben in Havanna. Und nicht einmal das, fürchte ich. Wir leben in den vier Straßenzügen, die unser Viertel bilden. Sie sind die ganze Welt. Die Menschheit existiert nicht. Oder besser gesagt, die Menschheit sind die 50, 60 Nachbarn und die 50, 60 Passanten, die ab und an vorübergehen auf der gleißenden Straße, die das Licht noch einmal bricht.

Die Sonne lässt ihre Wut an Havanna aus wie an keiner anderen Stadt. Oder verfügt Havanna nicht über die Schutzwehr anderer Städte? Ich weiß es nicht. Wir Habaneros brauchen einen simplen Unterschlupf, um dem Übermaß an Licht zu entkommen, dem Sonnenfeuer, um

Kuba ist umgeben von kleinen Inseln, den *cayos*. Die Strände sind dort meistens weiß und menschenleer

Foto: Jordis Schlösser

Im Osten Kubas scheint die Sonne wärmer und die Menschen sind schwärzer. Passant in der kleinen Stadt Cueto

uns vor den heftigen Regengüssen zu flüchten, vor den Wirbelstürmen, dem Salzwurm der Meereswinde. Das Haus ist für uns nur ein elementarer Wetterschutz.

Was wir brauchen, ist das Leben im Freien. Wir sind begierig auf Blicke, begierig auf Dialog. Wir suchen um jeden Preis Kommunikation. Wir Habaneros bedürfen des weiten Raumes ebenso wie des anderen, des Nächsten, wir benötigen ihn wie uns selbst – vielleicht sogar noch mehr –, um uns wiederum vor dem Leben im Freien zu schützen. Deshalb die offenen Fenster. Deshalb das Haus, das auf die Straße hinausflieht, oder die Straße, die ins Haus eindringt.

Von allen menschlichen Erfindungen ist das Fenster vielleicht diejenige, von der wir Habaneros am meisten profitiert haben. In Havanna erhält das Fenster einen besonderen Stellenwert, eine fast mystische Dimension. Ein Havanna mit geschlossenen Fenstern wäre undenkbar. Die Stadt der Säulen ist zugleich die Stadt der offenen Fenster. Durch das Fenster halten wir uns am Leben, vergewissern uns, dass wir noch immer einen Platz in den Atlanten der Geographen haben.

Ich habe versucht zu erklären, dass eine Stadt, die elf Monate im Jahr (wenn nicht mehr) in der Gluthitze, im Höllenfeuer schmort, sich nicht den Luxus erlauben kann, ihre Fenster zu schließen. Doch die Hitze, die Wirbelstürme und Regengüsse sind ein Teil der Angelegenheit, nur ein Teil. Ein anderer ist die Lust am Sehen, am Hören, am Riechen und Berühren.

Jemand hat einmal gewagt, uns Habaneros einen notorischen Exhibitionismus zuzuschreiben. So kühn möchte ich nicht sein. Und doch bin ich einigermaßen davon überzeugt, dass man in keiner anderen Stadt der Welt so viele nackte Körper durch die Fenster sehen kann. Männer und Frauen spazieren nackt und sinnlich hinter weit aufgerissenen Fenstern vorbei. Geht man in Havanna in aller Unschuld einen Bürgersteig entlang, schweifen die Augen ins Innere der Gebäude ab, und man entdeckt das Geheimnis der Häuser und was in ihnen geschieht. Man wird nicht nur Zeuge eines Reigens nackter und in der Regel schöner, wunderschöner Körper, nein, auch des Streits, des intimen Gesprächs, der Gebete, des Schmerzes, der Tränen, des Essens, der körperlichen Bedürfnisse, der Feste, Totenwachen.

Ist es Angst vor Einsamkeit? Klaustrophobie? Hysterie? Das Bedürfnis, sein Leben mit anderen zu teilen? Ein Leben als *mise en scène* verstanden? Promiskuität? Konzentrationsschwäche?

Wir gehen die Straße entlang und hören Salsa-Musik, die aus den offenen Fenstern dringt. In voller Lautstärke, und dazu die Stimmen, die sich zu denen der Sänger gesellen. Wir hören Bittgebete und Spott, Psalmen und Scherze. Und Lachen, schallendes Lachen. Jede Kinderei ist Grund zum Lachen.

Aus den offenen Fenstern strömen die Essenzen all der Blumen, die die Heiligen befriedigen sollen, die billigen Parfums der rituellen Reinigungen, die Gerüche aus den Küchen.

Nun fehlt nur noch der Tastsinn. Das Licht in Havanna lässt die Dinge körperlos erscheinen. Dieses Licht, das uns die Körperlichkeit nimmt, zwingt uns dazu, den anderen zu suchen. Wir müssen einander berühren, um uns zu vergewissern, dass wir existieren. Die einzigartige Fläche eines schweißglänzenden Rückens streicheln. Lippen küssen, die Worte zu formen versuchen, die nicht ausgesprochen werden, und dann zu einem glühenden Hals hinabwandern, heiß von Blut, von der Sonne, von der Sonne, die sich ins Blut gebrannt hat.

Die Begegnung der Körper ist eine Bekräftigung des Lebens. Eine Bestätigung. Ein Zeugnis. Wir Habaneros

Havana Club
Der echte Kubaner
Havana Club
El Ron de Cuba
AGED 3 YEARS
REPUBLICA DE CUBA
RON PURO CUBANO
FUNDADA EN 1878
IMPORTADO
Havana Club
AÑEJO 3 AÑOS
EL RON DE CUBA
Havana Club
Havana Club
Tata Güines Percusionista
EN EL FLORIDITA - CUBA
El Autentico Ron de Cuba

Auch diese Arbeit ist nicht so süß wie ihre Früchte: Ananaspflücker in der Provinz Ciego de Ávila

Foto: Tria Giovan

benötigen keine Beweise für die Existenz Gottes. Durch den Kuss, die Umarmung, durch das Zusammentreffen von Körpern versichern wir uns unserer eigenen Existenz.

Aber vielleicht gibt es einleuchtendere Theorien, um die Sinnlichkeit und die offenen Fenster in Havanna zu erklären?

Man nennt immer die Vielzahl von Einflüssen auf unserer Insel, die Mischung aus Schwarzen (der verschiedenen Völkerstämme von der Küste des Golfs von Guinea), Spaniern und Chinesen. Es gibt noch Elemente anderer Völker, aber dies dürften wohl die wesentlichen sein. Die natürliche Sexualität der Schwarzen. Die gehemmtere der Spanier, die aus einem Land kamen, das von der Gegenreformation regiert wurde, und die hier das Paradies der Freizügigkeit fanden. Die feine Zurückhaltung der Chinesen. Von den französischen Prostituierten, die Anfang des eben vergangenen Jahrhunderts kamen, gar nicht zu reden …

Ebenso werden oft die schwierigen historischen Umstände angeführt, in denen wir Kubaner seit je gelebt haben. Der Mangel, die Not, die Widrigkeiten des Lebens, die uns im Laufe all der Jahre die Existenz so erschwert haben. Diesem Argument zufolge besteht die Lösung für uns Kubaner darin, sich auf den Körper zu konzentrieren, auf die Gelüste des Körpers. Die Erforschung der Sinne als Flucht aus den Netzen der Vernunft.

Wenn Hegel behauptet hat, alles Wirkliche sei vernünftig und alles Vernünftige wirklich, heißt unsere Maxime anders: Alles Wirkliche ist lustvoll und alles Lustvolle ist wirklich.

Wir Habaneros interessieren uns nicht für Erklärungen. Wir halten uns an Tatsachen. Es gibt zu viel im Leben, das noch nicht genossen wurde, das noch ausgekostet werden muss, als dass man sich mit Analysen aufhalten könnte. Wozu also Erklärungen? Nein, es gibt nichts zu erklären. Man muss schlicht und einfach in die Mango beißen und den Saft von den Mundwinkeln bis zum Hals laufen, ihn sich dort mit dem Schweiß vermischen lassen. Man muss durch die offenen Fenster halbnackte Körper beobachten – und die Körper, ich werde nicht müde, das zu wiederholen, sind das beste in dieser großzügigen Stadt. Man muss den Unterhaltungen lauschen. Sich zum Tanz gesellen. Am Ufer eines Flusses schlafen, unter dem Nachthimmel im weißen Galaxienglanz. Sich an der Ufermauer, am Malecón lieben, im Angesicht des weiten Meeres und des mit Hoffnungen beladenen Horizonts. Man muss im Hier und Jetzt leben, denn morgen … Über das Morgen weiß man nichts.

In diesen exotischen Ländern der Karibik erfüllt sich mehr als anderswo Jean Cocteaus berühmtes Diktum: „Gott existiert nicht, es ist der Teufel." Hier gehen Sünde und Seligkeit Hand in Hand.

Könnte sich in einem Land, in dem die Geschichte (mit dieser entsetzlichen Feierlichkeit, die Geschichte immer mit sich bringt) jede Art von Vergnügen abgeschafft hat, alles, jedwedes Ding, sogar das belangloseste, am Ende schließlich in eine köstliche, dringliche Lust verwandeln?

Ich weiß es nicht, weiß es wirklich nicht. Ich wiederhole: Ich kann nichts mit Sicherheit behaupten. Man weiß, dass die Tatsachen oftmals, allzu oft, den Erklärungen ausweichen, und wer bin ich schließlich, um die Lebensweise der Habaneros zu analysieren? Mein einziger Rat ist, sich dem Vergnügen zu überlassen und zu erforschen, was sich durch die Fenster erspähen lässt. Durch die offenen Fenster.

**Abilio Estévez** *ist Schriftsteller und Berater des kubanischen Filminstituts. Sein Roman „Dein ist das Reich" (Luchterhand) gilt als große Entdeckung in der spanischsprachigen Literatur. Estévez lebt in seiner Heimatstadt Havanna.*
**Susanne Lange** *übersetzte den Text aus dem Spanischen.*

# HAVANNAS GLANZ UND ELEND

Ob spanische Kaufleute oder amerikanische Mafiabosse – in Havanna bauten alle extravagant. Dann kam die Revolution und das Volk zog in die Kolonialpaläste und Jugendstilvillen. In den 40 Jahren, die dann folgten, blieben die Häuser sich selbst überlassen. Der Stillstand rettete eine einzigartige Vielfalt architektonischer Stile. In der Altstadt wird die bröckelnde Pracht jetzt saniert – der Rest verfällt weiter

Text: Petra Mikutta, Fotos: Hans Engels

Die meisten von Havannas Art-nouveau-Häusern sind in erbärmlichem Zustand. Wie der Palacio Cueto in La Habana Vieja, Ecke Inquisidor/Mercaderes. Der Stadtpalast, 1905 gebaut, ist jetzt ein Mehrfamilienhaus

267
M

Foto: Tina Hager

In der Altstadt wird alte Pracht wieder sichtbar. Arbeiten am Palast des Grafen von Jaruco aus dem 18. Jahrhundert an der Plaza Vieja

Tier- und Pflanzenmotive des Art nouveau zieren viele Eingänge in Habana Vieja, wie hier in der Calle Mercaderes

Man möchte auf Zehenspitzen gehen, vorsichtig, um Erschütterungen zu vermeiden. So gebrechlich sehen die Villen hinter den wuchernden Urwaldriesen aus. Die Fenster sind blind. Mit Brettern und Blechen vernagelte Löcher. Der Putz schält sich von den Fassaden wie Haut bei einem Sonnenbrand. Säulen und Balkone haben Lepra.

Doch hinter den bröckelnden Mauern drängen sich Menschen: Sie haben Zwischendecken eingezogen, Stoffbahnen gespannt und Sperrholzplatten aufgestellt, um aus einer Wohnung fünf zu machen. Sie hausen in Verschlägen auf den Dächern und in Kellern. Die Häuser verlieren den Zweifrontenkrieg: gegen die Witterung und Luftverschmutzung, die von außen an ihnen zehrt, und gegen die Menschenmassen, die sie von innen zum Bersten bringen.

Nach dem Sieg der Revolution zogen in Havannas Villenviertel Vedado neue Mieter ein: Die bürgerlichen Quartiere wurden dem Volk zugewiesen. „Wir hatten damals Glück", sagt María del Carmen Thais. Die Ingenieurin lebt mit ihrer Familie in einer Gründerzeitvilla von 1924. Die Wände im Erdgeschoss sind mit Fliesen überzogen, bemalt mit Motiven des spanischen Malers Goya. Schwere Antiquitäten lehnen dagegen. Der Außenputz leuchtet pfirsichfarben.

Vor 13 Jahren ließ María die Villa renovieren, das Geld kam damals von Verwandten im Ausland. Jetzt wäre es wieder an der Zeit, doch für Pesos ist Baumaterial nicht zu haben, María bräuchte 10 000 Dollar. „Niemand hat heutzutage so viel", sagt sie. „Es bleibt uns nichts anderes übrig, als zuzusehen, wie alles verfällt."

Entstanden ist das Vedado in den ersten 30 Jahren des vergangenen Jahrhunderts, als die Altstadt aus den Nähten platzte. Der Zuckerhandel hatte Havanna in eine Goldgrube verwandelt, die Tausende von Landflüchtlingen und Einwanderer aus aller Welt anzog. Sie strömten in die engen Gassen, um hier ihr Glück zu suchen. Wer fündig geworden war, überließ späteren Ankömmlingen die kolonialen Stadthäuser und bepflanzte stattdessen den Urwald im Westen mit neureichen Träumen vom schöneren Wohnen.

Die Zeit hat den Räumen arg zugesetzt, doch auch im Verfall ist noch zu erkennen, dass Alberto de Armas, der das Haus 1926 in Miramar an der Ecke der 2. und 5. Straße hat bauen lassen, ein reicher Mann gewesen sein muss

Foto: Tina Hager

Dreistöckige Arkaden säumen die wunderbaren kolonialen Innenhöfe des Convento de San Francisco in Havannas Altstadt

In den Straßen des Vedado reihen sich hinter wild wuchernden Bäumen Musterbeispiele für die Architektur des Jugendstils, der Moderne, des Art déco und – wie diese Villa an der Ecke Calle 19/Calle F – des Eklektizismus

Foto: Tina Hager

Die „Casa de la Amistad" im Vedado. Das Jugendstilhaus ist heute ein Museum, seine Bausubstanz vollkommen verrottet

Das „Cinema Arenal" in Miramar. Als in den dreißiger Jahren Hollywoodfilme Havanna eroberten, wurden in der Stadt mehrere Art-déco-Kinos gebaut

Jugendstil, Art déco, Moderne und Eklektizismus der Gründerzeit waren die Architekturstile der Zeit. Bauherren im Vedado gaben sich jedoch nicht mit dem Üblichen zufrieden: Sie wollten das Einmalige, denn sie konnten es bezahlen. Architekten trieben darum die Ausprägungen der Baustile auf die Spitze. In einigen Fällen entstanden Karikaturen. Meist jedoch gelang die Perfektion. Das Vedado ist das beste Lehrbuch für moderne Architektur der Welt.

Heere von Architekten und Studenten aus aller Welt schreiten jedes Jahr die breiten Straßen des Viertels ab. Sie skizzieren und fotografieren die Jugendstil-Fassaden mit ihren steinernen Blüten- und Rankenornamenten, ihren organischen Erkern und Türmchen, die wie Gliedmaßen aus dem Baukörper herauswachsen. Sie bestaunen die kleinen Schwestern der „Sagrada Familia", der 1882 begonnenen Zuckergusskirche in Barcelona, mit der Architekt Antoni Gaudí den damals nagelneuen Jugendstil nochmals neu erfand. Sie zeichnen die eleganten, vornehm wirkenden Konturen der Art-déco-Villen nach, deren Fassaden in allen Pastellfarben in der Sonne leuchten. Sie vermessen die geometrisch-rationalen Formen der Moderne, um das Prinzip „weniger ist mehr" bestätigt zu finden.

Der Verfall des Viertels begann nicht erst in den sechziger Jahren, nach dem Sieg der Revolution, sondern in den Vierzigern, als die Reichen im Vedado noch reicher wurden. Sie überließen ihre Traumvillen dem Schicksal oder funktionierten sie zu Mietshäusern um. Sie zogen aus, um noch größere Häuser noch weiter westlich zu bauen: Der Stadtteil Miramar entstand. Ein karibisches Beverly Hills. Gründerzeitschlösser, die Michael Jackson oder Madonna gehören könnten: Säulenportale und Verandas so groß wie Marktplätze verbergen sich hinter Hecken und Bäumen.

Das Solimar-Gebäude in Centro Habana, Ecke Soledad/San Lazaro, wurde 1944 von Manuel Copado im Stil der Moderne gebaut. Woran die Form des Hauses erinnern soll, sagt der Name: „Sol y mar" heißt „Sonne und Meer"

Was hervorblitzt ist so groß und großartig, dass es einschüchtert. Miramar ist heute der Sitz von Behörden, Ländervertretungen, nationaler und internationaler Firmen und Banken. Miramar ist Havannas reichster Stadtteil mit der gesündesten Bausubstanz. Hier wohnen Ausländer. Kubaner mähen in Schwarzarbeit die Rasen.

Als Fidel Castro am 8. Januar 1959 die wilde Party der High Society beendete, war ein großer Teil der Wohnhäuser, Grand-Hotels, Casinos, Bars, Country- und Yachtclubs im Vedado bereits sanierungsbedürftig. Havannas Millionäre – überwiegend Amerikaner, überwiegend Mafiosi – handelten längst nicht mehr nur mit Zucker, sondern mit Sex, Waffen und Drogen, und Castros Vorgänger Fulgencio Batista feierte und schacherte gern mit.

Das Hotel „Habana Libre", dessen Suite Nummer 24 im 23. Stock drei Monate lang als Hauptquartier der Revolution diente, überragt das Vedado bis heute wie ein Wachturm: Solange Castro an der Macht ist, wird es keine Mafia auf Kuba geben und keine Millionäre, die die Gebäude restaurieren könnten – oder abreißen lassen. „Ohne den Sieg der Revolution wäre das Vedado längst Spekulanten zum Opfer gefallen", sagt Eduardo Luís Rodríguez, 42, Vorsitzender der kubanischen Architektenkammer, Chefredakteur des Kubanischen Architektur-Magazins und Autor vieler Bücher über Havannas Architektur des 20. Jahrhunderts.

So blieb Havanna vom Bau- und Abriss-Boom verschont, der in den sechziger und siebziger Jahren in Städten auf der ganzen Welt wütete. Doch die Revolutionäre vernachlässigten die Hauptstadt auch – viel zu lange war sie gemästet worden, zum Nachteil des restlichen Landes. Jetzt wurde das Ungleichgewicht umgedreht, Priorität erhielt die Provinz. Havanna blieb sich selbst und dem Zerfall überlassen. Durch diesen Stillstand überlebte, wenn auch oft in miserablem Zustand, ein einmaliges architektonisches Erbe.

„Dieses gesamte Ensemble ist erhaltenswert, nicht einzelne Gebäude", sagt Eduardo Luís Rodríguez, der auf die Frage, welche der über 4000 Architekturschätze des Vedado denn besonders wertvoll seien, ärgerlich reagiert wie eine Mutter, die man fragt, welches Kind sie am liebsten habe. Rodríguez versucht, mit seinen Artikeln und Büchern Investoren im Ausland auf Havannas moderne Architektur aufmerksam zu machen und dadurch das Vedado zu retten. Er möchte das Alte bewahren. Fassaden restaurieren, Dächer neu decken, Glas einsetzen, Mosaiken ausbessern. Ausländische Kollegen aber unterstützen ihn nur zögerlich. Über bloße Restauration rümpfen sie die Nasen. Sie wünschen sich Utopien für Havanna.

Stars der internationalen Architektenszene, darunter Eric Owen Moss aus Los Angeles und Lebbeus Woods aus New York, zeigten im Januar 2000 in einer Ausstellung in Havanna, wie sie sich die koloniale Altstadt La Habana Vieja vorstellen: auf Stelzen, aufgeschlitzt und ausklappbar; Alt vereinigt sich mit Neu und die Wirklichkeit verschmilzt mit Visionen. So oder ähnlich solle es auch dem Vedado ergehen. Rodríguez winkt ab: Spinnereien, schöne zwar, aber nicht praktikabel. Er sieht nur einen Weg, das Vedado zu retten, und der führt über das Innenministerium.

Seit vier Jahren versucht Rodríguez die Politiker davon zu überzeugen, auf ganz Havanna ein Modell anzuwenden, das seit 1981 die Altstadt verwandelt: In La Habana Vieja wird Gebäude für Gebäude restauriert. In die entkernten Paläste und Wohnhäuser ziehen Hotels, Bars, Boutiquen. Deren Gewinne und Steuern fließen nicht, wie üblich, zur Zentralregierung, sondern bleiben im Viertel, wo weitere Gebäude restauriert werden, in die neue Hotels, Restaurants und Shops oder Schulen, Kliniken und Altenheime einziehen, die wiederum von den Hotels finanziert werden.

Den Kreislauf angeschoben hat Dr. Eusebio Leal Spengler, „Historiador de la Ciudad de la Habana", Havannas Stadthistoriker. Der kleine, graumelierte Herr Mitte 50 rief „Habaguanex" ins Leben, die Gesellschaft hinter dem ungewöhnlichen Projekt. 6000 Menschen arbeiten mittlerweile für „el Historiador". Seine Architekten verwandeln einstürzende Altbauten in Glas- und Marmorpaläste wie die Lonja del Comercio, den Sitz internationaler Reisebüros, Presseagenturen, Handelsgesellschaften. Bauherr ist eine Firma aus Madrid. So kehrt die Kolonialmacht zurück.

Bis zum Jahr 2005 will Leal den Verfall von La Habana Vieja endgültig gebremst haben. Kein Kubaner lacht über den ehrgeizigen Plan. Ein Mann, der in den vergangenen sechs Jahren über 100 Millionen Dollar – UN-Gelder, Steuern, Gewinne aus Hotels und Restaurants, ausländische Investitionen – eingenommen und reinvestiert hat, ist in ihrem Land ein Held.

Foto: Tina Hager

Stadthistoriker Eusebio Leal rettet La Habana Vieja vor dem Verfall

Der internationalen Architektenszene ist Eusebio Leal ein Schrecken. Er erfindet Farben und Formen, benutzt Kanonenkugeln mit seinem Siegel als Absperrung für Fußgängerzonen. Und gelbe Zackenzäune. Er restauriere nicht, er verfälsche, werfen ihm Fachleute vor. Der Wiener Architekturprofessor Carl Pruscha sagt: „Diese Rekonstruktionen sind das schlimmste Verbrechen. Leal baut hier ein Disneyland, eine Stadt nur für Touristen!" In Kuba sieht man das anders. „Leal ist der Einzige, der überhaupt etwas getan hat", sagt Rodríguez. „Er macht bestimmt Fehler, aber das lässt sich bei der Größe des Unternehmens nicht vermeiden."

La Habana Vieja ragt im Osten wie eine Hundeschnauze ins Meer. Auf weniger als einem Quadratkilometer leben 70 000 Einwohner in 24 000 Wohnungen, drängeln sich mehr

Ende der dreißiger Jahre war der amerikanische „Streamlined Style“ in Havanna ausgesprochen populär. Ein Privathaus im Vedado, Calle 23

als 5000 Paläste, Villen und Wohnhäuser. Die jüngsten sind weit über 100 Jahre alt, die ältesten weit über 400. Die Unesco erklärte den Stadtteil 1982 zum Weltkulturerbe.

In der Calle Obispo lebt die Rentnerin Lilia Suárez im ersten Stock einer Stadtvilla aus dem 19. Jahrhundert. Gusseiserne Balkongitter, Erker, Simse – einst hatte die Fassade den Zweck, Passanten und Nachbarn zu beeindrucken. Jetzt hält sich dort halbherzig ein Balkon fest; jeden Moment könnte er loslassen. Von hier aus kann Lilia auf die Monitore des internationalen Kurierdienstes schauen, der gegenüber eröffnet hat. Oder auf die Tierhandlung ein paar Häuser weiter, wo ein Katzenkörbchen mehr kostet als ihre monatliche Sozialhilfe beträgt, die überwiegend aus Naturalien besteht. „Früher war es gefährlich auf die Straße zu gehen“, erzählt sie. „Man musste damit rechnen, dass einem Putzbrocken auf den Kopf fallen. Heute ist das Viertel dagegen richtig schön.“ Nein, es störe sie nicht, dass sie die Sachen in den Auslagen nur ansehen und nicht kaufen könne.

In Lilias Wohnung ist Platz für einen schlanken Schrank und für einen Tisch, den sie ans Bett rückt, wenn sie essen will. In einer Ecke steht der Benzinkocher, in der anderen hängt ein Blechbecken. Darüber, auf einem Holzgestell, ein blaues 50-Liter-Plastikfass: das Trinkwasser. An der Gipskartonwand hängt ein Foto ihrer verstorbenen Tochter als Teenager, daneben Che Guevara, daneben der Papst. Die Toilette ist im Treppenhaus. 12 Quadratmeter Kuba.

Die Gebäude neben dem von Lilia sind bereits saniert. Der Autoverkehr ist verbannt. Pressluftbohrer reißen alle paar Meter kniehohe Erdhügel auf. Das Abwasser- und Trinkwassersystem bricht nämlich regelmäßig zusammen. Es zu reparieren ist fast unmöglich, da es ein US-amerikanisches System ist. Ersatzteile sind wegen des Embargos nicht zu bekommen. Aber eine Nation, die Bremsflüssigkeit durch Seifenlauge ersetzt, Wimperntusche durch Schuhcreme und billige Wandfarbe durch einen Schuss Alleskleber abriebfest macht, setzt auf das „fast“ und findet Wege. Lilia Suárez bekommt ihr Trinkwasser von einem LKW geliefert; auf der Seite prangt das schwarze Siegel von „el Historiador“.

Das Büro des Stadthistorikers füllt die Lücke zwischen der Kirche Santo Cristo del Buen Viaje, wo die Seeleute seit Jahrhunderten für gutes Wetter beten, und der nagelneuen Filiale von Benetton. Eusebio Leal ist mit Investoren aus dem Ausland beschäftigt, also empfängt Rafael Rojas Hurtado de Mendoza den Besuch. Der 52 Jahre alte Informatiker ist seit sieben Jahren Eusebio Leals rechte Hand und Projektleiter. Er deutet auf einen klapprigen Aktenschrank. Die Regale biegen sich unter der Last von hunderten weißer Päckchen, die aussehen wie Single-Schallplatten. „Havannas Fotoarchiv“, erklärt er, „Negative und Daguerrographien der wichtigsten Altstadtgebäude. Wir haben sie zwischen Glasplatten gesteckt. Sie verrotten trotzdem. In

Fotos: Tina Hager

Blick auf Havanna über den Hafenkanal hinweg. Rechts hinten das Hotel „Habana Libre“

Deutschland gibt es Spezialisten. Wir brauchen ihre Hilfe. Schreiben Sie das. Vielleicht liest es der Richtige.“

Vedado-Experte Eduardo Luís Rodríguez hat wenig Mitleid mit La Habana Vieja: „Dort wird jeder Schuppen restauriert, während im Rest der Stadt jedes Jahr 300 Gebäude einstürzen, weil nicht einmal genug Geld für Gerüste da ist. Havannas Kolonialarchitektur wird völlig überbewertet. Alter ist nicht das einzige Kriterium für architekturgeschichtlichen Wert. Ich will nicht, dass in Habana Vieja weniger restauriert wird, ich will, dass in den anderen Stadtteilen genauso viel geschieht. Und wenn es nicht bald passiert, dann ist es zu spät. Dann ist die Bausubstanz verrottet.“

Centro Habana verfault am schnellsten. Der Stadtteil zwischen Vedado und Altstadt sei kaum noch zu retten, sagt Rodríguez. Die Mietshäuser, die um die Jahrhundertwende schnell aus dem Boden gestampft wurden, um Menschen aus der überquellenden Altstadt aufzunehmen, haben schwache Wurzeln. Die Fassaden sind bis zur Unkenntlichkeit verwittert. Baulücken klaffen. Es riecht nach Fäkalien. Die Abwasserleitungen lecken.

Doch an den grauen Häusern schaukeln bonbonfarbene Chevrolets aus dem Nachlass geflohener Millionäre vorbei. Blumenhändler schieben ihre Karren über die holprigen Straßen. Leute in bunten Hemden unterhalten sich lärmend auf der Straße. Sie lachen, feilschen um Bohnen und Hühner. Es ist viel Leben in der sterbenden Stadt.

Und abends gehen alle an den Malecón. Sie sitzen auf der sechs Kilometer langen Kaimauer entlang der Küstenstraße, die von 1901 bis 1926 gebaut wurde, um die Altstadt mit Vedado und Miramar zu verbinden. Doch die wenigsten Habaneros blicken am Malecón aufs Meer hinaus. Sie sehen nicht, wie rostige Schiffsriesen in Zeitlupe in die Bucht von Havanna gleiten, denn sie legen den Arm um jemanden, stellen die Augen auf Weichzeichner, wenden sich in die andere Richtung – und bewundern das gewaltige Spektakel, das sich ihnen bietet: Havanna trägt giftgrün zu pink und gelb, kombiniert Stromlinie mit Bausch und Bögen, ionische Säulen mit schmiedeeisernen Gittern. Es präsentiert frivole Rundungen, ganz in weiß, ironisch wie eine Schlampe, die sich als jungfräuliche Braut verkleidet hat.

Lange Schatten tanzen feurig auf den Fassaden. Wellen brechen sich an der Kaimauer. Es klingt wie Applaus. Im gnädigen Abendlicht wirkt Havanna wie neu.

**Petra Mikutta** *ist ausgebildete Architektin und freie Journalistin. Sie lebt in Hamburg.*
**Hans Engels,** *Fotograf in München, ist seit 20 Jahren auf Architekturthemen spezialisiert.*

Ein restauriertes Geschäft in Habana Vieja – die Art-déco-Fenster sind Reproduktionen

FREMDENVERKEHRSAMT DER DOMINIKANISCHEN REPUBLIK
Hochstraße 17, 60313 Frankfurt am Main, Fax: (+49) 69/28 34 30,
E-Mail: Domtur@aol.com, Internet: www.dominicana.com.do
Infoline: (+49) 69/91 39 78 78, Stichwort: „Felszeichnung"
UNSERE GUTE LAUNE HINTERLÄSST
SEIT ÜBER 2.500 JAHREN
UNÜBERSEHBARE SPUREN.
Gute Laune gehört seit 2.500 Jahren untrennbar zu unserer Kultur. Das beweisen die Felszeichnungen und Höhlenmalereien unserer Vorfahren genauso wie die heißen Rhythmen, die fröhlichen Melodien, die typischen Trachten und unser Volkstanz – der Merengue. Entdecken Sie unsere ausgelassene, fröhliche Art – ein Lebensgefühl, das auch Ihr Leben bereichern kann. Natürlich haben wir noch viel mehr zu bieten: historische Kirchen, Häuser und Festungen sowie traumhaft schöne Landschaften. Seien Sie willkommen. Interessiert? Dann rufen Sie einfach bei uns an.
Die Dominikanische Republik
Komm und entdecke unsere Schätze.

**❶ LA MAQUETA DE LA HABANA COLOSAL MINIATURA**
**Calle 28 No.113 e/1 y 3, Miramar, Tel. (07)227322, 227303, Fax 242661, e-mail:gdic@ceniai.inf.cu Mo-Sa ab 9.30-18 Uhr, Eintritt 3 US$** Seit 1995 baut der Architekt Mario Coyula an diesem naturgetreuen Zedernholzmodell der Stadt im Maßstab 1:1000. Es misst 22 mal 8 Meter und steht auf 35 rollbaren Tischen in einem postmodernen Museumsbau

Foto: Tina Hager

Palastrestaurierung in der Altstadt

## KOLONIALSTIL

**❷ MUSEO CASA NATAL DE JOSÉ MARTÍ**
**Calle Leonor Perez No 314, e/ Picota y Egido, La Habana Vieja, Di bis Sa 10-18 Uhr, So 9-12.45 Uhr** Das Geburtshaus des Dichters, Freiheitskämpfers und Nationalhelden José Martí (1853-95) ist ein typisches Stadthaus des 18. Jhs., introvertiert und klaustrophobisch, mit winzigem Innenhof, kleinen, meistens fensterlosen Räumen im Erdgeschoss und bescheidenen Zimmern im Obergeschoss. Von dort aus hat man Einblick in gegenüberliegende, nicht restaurierte Wohnhäuser aus derselben Epoche

**❸ D'GIOVANNI**
**Calle Tacon No.4 esq. Empedrado, La Habana Vieja, Telefon (07)335566, Restaurant 12-24 Uhr, Bar 9-2 Uhr** Das Essen ist schlecht und überteuert, aber der zweigeschossige Innenhof des ehemaligen Wohnhauses aus dem 17. Jahrhundert gehört zu den schönsten der Stadt. Typisch für frühe Kolonialbauten sind die schlichten, gedrechselten Holzgeländer und Säulen. Reiche Verzierungen für Balkone und Brüstungen kamen erst im 18. Jahrhundert in Mode

## ART DÉCO UND JUGENDSTIL

**❹ CINEMA FAUSTO**
**201 Prado esq. Colón, La Habana Vieja** Das ehemalige Kino zeigt keine Filme mehr. Zu sehen gibt es preisgekröntes Art déco: Architekt Saturnino Parajon erhielt für seinen 1938 gebauten Entwurf die Goldmedaille des kubanischen Architektenverbandes

**❺ APARTMENTHÄUSER**
Die Adressen Cárdenas 101, 103 und 107 in La Habana Vieja sind nicht fein, aber feinster Jugendstil mit organisch geschwungenen Säulen und reich verzierten Fenstern und Balkonen. Der Architekt Mario Rotllant hat die dreigeschossigen Wohnhäuser um 1910 gebaut

## MODERNE

**❻ HELADERÍA COPPELIA**
**Calle 23 esq. L, Vedado, Di-So 10-22.30 Uhr** Kubas berühmteste Eisdiele: Fünf Betonkreise, in der Schwebe gehalten von schlanken Kragarmen, gruppieren sich wie Blütenblätter um ein rundes Treppenauge. Das moderne architektonische Wagnis, erbaut 1966 von Mario Girona, ist von Urwaldriesen überwuchert und so gut wie unsichtbar – zum Glück, findet eine laute Minderheit kubanischer und internationaler Experten. Aber alle sind sich einig, dass es hier das beste Eis der Stadt gibt

**❶ HOTEL EL COMODORO**
**Avenida 1 esq. Calle 84, Miramar, Tel. (07)335551** Das viergeschossige Hauptgebäude dieser freudlosen Ferienanlage, 1951 nach einem Entwurf des Architektenteams Mira und Rosich gebaut, ist ein Meisterwerk der Moderne

**❼ WOHNHOCHHAUS**
**51 Malecón, Centro Habana** Mira und Rosich bauten 1958 Havannas einziges prärevolutionäres Wohnhochhaus. Es hat 14 Etagen und ragt wie ein erhobener Zeigefinger über die Häuserzeile am Malecón

## SPAZIERGANG DURCH LA HABANA VIEJA

1982 wurde Havannas Altstadt von der Unesco zum Kulturerbe der Menschheit erklärt. Doch die Zuschüsse reichten nur für wenige Prachtbauten wie die Kathedrale. Seit Stadthistoriker Eusebio Leal Anfang der 90er Jahre von Fidel Castro den Auftrag erhielt, die Altstadt wieder aufzubauen, wird tatsächlich Gasse um Gasse renoviert. Einen Spaziergang beginnt man am besten in der Calle Obispo, der Fußgängerzone, die sich von Hemingways Stammkneipe „Floridita" bis zum Hafen zieht, vorbei an den Szenebars „Café Paris" und „Lluvia de Oro", am Hotel „Ambos Mundos" und dem hässlichen Bildungsministerium, das Diktator Batista ein Jahr vor der Revolution bauen ließ. Dafür wurde die traditionsreiche erste Universität Havannas abgerissen. Die Obispo führt zur Plaza de Armas, wo 1519 Havanna gegründet wurde. Ein belebter Platz mit fliegenden Buchhändlern vor dem feinen Hotel „Santa Isabel" und dem Stadtmuseum. Ein paar Schritte weiter führt die Calle Oficios zur Plaza San Francisco am Hafen, wo die großen Kreuzfahrtschiffe anlegen. Prägnant sind das mächtige Konvent des Heiligen Franz von Assisi und die renovierte Handelskammer Lonja del Comercio. Von hier empfiehlt sich ein Spaziergang zur Plaza Vieja, am besten rechts abbiegen in die Calle Amargura, dann links in die Mercaderes. Die Plaza Vieja, der alte Platz, im 16. Jh. angelegt, um die zu eng gewordene Stadt auszuweiten, wurde blank herausgeputzt, der Brunnen umzäunt, Bäume fehlen. Doch die Bebauung des Platzes ist sehenswert: etwa der Palast eines Zuckerbarons von 1752, in den die „Fototeca" eingezogen ist; der einstige Palast des Grafen von Jaruco, in dem heute der staatliche Kunstfonds residiert; das Jugendstilhotel „Palacio". Um die Ecke ließ Stadthistoriker Leal zwischen sorgfältig angelegten Wegen Wohncontainer für Altstadtbewohner aufstellen, deren Häuser restauriert werden.

Quer durch die Altstadt gelangt man durch die Calle San Ignacio zur Plaza de la Catedral. Was 1704 die kleine Missionskirche der Jesuiten war, bekam Ende des 18. Jhs., nachdem der König von Spanien die Jesuiten aus Kuba vertrieben hatte, Seitenschiffe und eine barocke Fassade aus Kalksandstein. Drumherum Paläste aus dem 18. Jh.

## SPAZIERGANG DURCH DAS VEDADO

Hauptschlagader des Viertels ist die Calle 23, „La Rampa" genannt. Sie führt von der Almendares-Brücke hügelabwärts zum Malecón. Ihre villengesäumten Nebenstraßen prägt der typische Stilmix aus Neoklassizismus, Neugotik, Jugendstil, Eklektizismus und Art déco. Kurz hinter der Brücke liegt rechts der Friedhof Cemeterio Colón mit über 800000 Gräbern: Minipaläste im Art-déco-Stil, ägyptische Mausoleen, Marmorengel. Weiter unten an der Rampa steht das Hotel „Habana Libre" (das frühere „Hilton") mit eindrucksvollem Foyer, an der Kreuzung zum Malecón der Prunkklotz des Hotels „Nacional". Einige 100 m weiter am Malecón eines der schönsten Gebäude im Viertel: das klassisch-moderne Hotel „Riviera", dessen elegante Inneneinrichtung detailgetreu restauriert wurde

➤ siehe auch Karte auf S. 144

ANLASS GENUG
CUVEE
Riesling Sekt
TROCKEN
Fürst von Metternich
Sektkultur ist unsere Domäne
Fürst von Metternich Riesling Sekt gibt es in den Cuvées „Trocken", „Extra trocken" und als „Brut Jahrgang".
www.fuerst-von-metternich.de

# Wandel im Zeichen des Dollars

**Der Papst und der spanische König kamen nach Kuba, Clinton reichte Castro die Hand, und der Dollar regiert das Land. Die Revolution hat das Embargo und den Untergang der Sowjetunion überlebt – aber sie ist nicht dieselbe geblieben. Nur eins gilt noch immer: Es geht nichts ohne den Máximo Líder**

Text: Volker Skierka

Knapp 20 Sekunden dauerte das politische Erdbeben, bei dem für manche eine ganze Welt zusammenbrach und für andere ein neuer historischer Abschnitt begann. Es ereignete sich am 6. September 2000, als der kubanische Staats- und Regierungschef Fidel Castro auf dem Weg zum Fototermin mit 160 Kolleginnen und Kollegen anlässlich des Milleniums-Gipfels der Vereinten Nationen in New York plötzlich vor US-Präsident Bill Clinton stand. Im dunklen Zweireiher reichte Castro aus „Anstand und Höflichkeit“, wie er hinterher sagte, Clinton die Hand. Clinton „machte genau das gleiche“, so Castro, und die beiden wechselten ein paar Worte.

**Über vier Jahrzehnte** hatten acht amerikanische Präsidenten einen großen Bogen um Castro gemacht. Damit sollte es nun offenbar vorbei sein. Sofort erfuhr die ganze Welt davon. In Miami schrieen die militanten Exilkubaner „Verrat“, weil Clinton den Erzfeind nicht kühl hatte abblitzen lassen. Clintons Sprecher ließ dem „handshake“ ein laues Dementi folgen, das niemand glaubte (und wohl auch niemand glauben sollte), und Castro zeigte sich „zufrieden“ mit seinem „respektvollen und zivilisierten Betragen gegenüber dem Präsidenten jenes Landes, das der Gastgeber des Gipfeltreffens war“.

Wenige Monate zuvor hatte bereits der US-Kongress für eine erste Klimaerwärmung über die Straße von Florida hinweg gesorgt. Im Juli beschlossen beide Häuser auf Druck der Landwirtschaftslobby und der Handelskammer eine Lockerung des seit Anfang der sechziger Jahre bestehenden Wirtschaftsembargos gegen Kuba und hoben die Exportbeschränkungen für Nahrungsmittel und Medikamente sowie das Reiseverbot für US-Touristen auf. Nach 40 Jahren war das Scheitern der harten Linie offensichtlich: Es hatte Castros undemokratische Herrschaft nur stabilisiert. Die Einsicht begann sich durchzusetzen, dass eine Kursänderung auf Kuba nur durch eine Kursänderung in Washington zu erreichen ist. Außerdem fürchtete man, die Europäer könnten den Wettlauf um die Märkte auf Kuba für sich entscheiden.

Dass die Beziehungen der USA zu Kuba sich zu normalisieren beginnen, ist indirekt einem kleinen kubanischen Jungen namens Elián González zu verdanken, der Ende 1999 beim Untergang eines Bootes voller kubanischer Flüchtlinge seine Mutter verlor und als Schiffbrüchiger an der Küste Floridas an Land gespült wurde. Ein Großonkel und die militante Exilkubaner-Bewegung in Miami nahmen sich sogleich des damals Sechsjährigen an. Unter dem Mantel der Fürsorge missbrauchten sie das traumatisierte Kind als politische Waffe gegen Castros kommunistische Diktatur und verscherzten sich damit Sympathien und Einfluss in der amerikanischen Öffentlichkeit und Politik. Erst nach Monaten konnte das Kind durch eine Sondereinheit der Polizei befreit und auf Anordnung oberster US-Gerichte seinem leiblichen kubanischen Vater zurückgegeben werden.

**Dass Fidel Castro** für viele amerikanische Politiker stets schlimmer war als ein wirklich blutrünstiger Diktator im Orient, in Asien oder Zentralafrika, hatte nichts mit der Realität zu tun, sondern mit den schweren Kränkungen, die er der Weltmacht zufügte. Sie hat es dem Sohn eines analphabetischen Großgrundbesitzers aus dem unterentwickelten Osten Kubas nie verziehen, dass er mit einer Hand voll Leuten dem sauberen Amerika am 1. Januar 1959 das lukrative Paradies und von der Mafia beherrschte Sündenbabel in der Karibik wegnahm, dass er 1961 den Invasionsversuch exilkubanischer Söldner und der CIA in der Schweinebucht kläglich scheitern ließ und damit die Nation und ihren Präsidenten Kennedy demütigte, und dass seinetwegen auf Kuba stationierte sowjetische Atomraketen 1962 beinahe den Dritten Weltkrieg ausgelöst hätten.

Und so haben sie vier Jahrzehnte lang mit allen politischen Folterinstrumenten, die einer Großmacht zur Verfügung stehen, mit verdeckten Operationen und Sabotageakten versucht, den *Máximo Líder* samt Land und Leuten in die Knie zu zwingen. Vergebens. Mit eisernem Willen und wachem Instinkt hat Castro Generationen amerikanischer Präsidenten, sowjetischer Generalsekretäre, Staats- und Regierungschefs, Demokraten und Potentaten sowie 637 von seinem Geheimdienst gezählte Mordkomplotte überlebt, bis er die am längsten herrschende Nummer eins des 20. Jahrhunderts war. Bärtig, immergrün uniformiert, Hass- und Heldenfigur in einem, so stilisierte er sich schließlich zum illustren Inventar der Weltgeschichte. Auch wenn sie es nicht gern zugeben: Für Staats- und Regierungschefs, die nach Havanna reisen, gehört das Foto, der Händedruck mit ihm zum Höhepunkt des Besuchs. Castro kennt sie und hat viele gekannt, unzählige sind auch bei ihm gewesen. Johannes Paul II. kam als erster Papst, Juan Carlos I. als erster spanischer König nach Kuba. Auch wegen Castro.

Weder die Selbstauflösung des Moskauer Imperiums in Osteuropa Anfang der neunziger Jahre vermochte Castros Revolution zu bezwingen noch die drastische Verschärfung des US-Wirtschaftsembargos durch das Helms-Burton-Gesetz 1996. Darin werden – unter Verletzung des Völkerrechts – sogar Drittstaaten Sanktionen angedroht und Kuba als Voraussetzung für die Aufhebung der Blockade ungeniert politische und wirtschaftliche Bedingungen für die Post-Castro-Ära vorgeschrieben.

Kuba verlor zwar durch den Zusammenbruch des kommunistischen Systems 85 Prozent seines Außenhandels, was zwischen 1991 und 1994 einen volkswirtschaftlichen Niedergang um 34 Prozent bewirkte. Danach war nicht einmal mehr die Minimalversorgung der Bevölkerung gewährleistet. Arbeiter und Bauern mussten auf Fahrräder aus China und Ochsengespanne umsteigen. Das Land kam fast zum Stillstand, verfiel in Hunger und Agonie. Zu Zehntausenden flohen die Menschen übers Meer nach Florida. „Aber 1994", so Castros Vize Carlos Lage, der Architekt der Wende, „war die Talsohle erreicht. Seit 1995 konnten wir wieder durchschnittlich 3,5 Prozent im Jahr aufholen."

Eine „Kriegswirtschaft in Friedenszeiten" und der allmächtige Sicherheitsapparat stützten das System. Widerstrebend bewilligte Castro kleine Reformen. Dollarbesitz, freie Bauernmärkte und die selbstständige Tätigkeit in rund 150 Berufen wurden erlaubt. Vor allem forcierte man kapitalistische Beteiligungen ausländischer Unternehmen an kubanischen Staatsbetrieben. Unter Hochdruck trieb Verteidigungsminister Raúl Castro, Bruder und offizieller Stellvertreter Fidels, den Ausbau der vor allem vom Militär gemanagten Tourismusindustrie zum Devisenbringer Nummer eins voran. Zur Jahrtausendwende gab es schon über 400 Joint Ventures mit europäischen und kanadischen Firmen mit einem Beteiligungsvolumen von über einer Milliarde Euro. An zweiter Stelle stehen ausgerechnet Geldüberweisungen aus den USA in Höhe von rund einer Milliarde Dollar jährlich, womit der David Kuba wieder am Tropf des Goliath im Norden hängt.

**Die neue Politik** erzeugte zunehmend soziale und ideologische Spannungen zwischen Dollarbesitzern und jenen, die nichts haben als Pesos, doch setzen die Wirtschaftsreformer darauf, dass die Streuung des Dollars unter der Bevölkerung schnell zunimmt. Heute hat bereits mehr als die Hälfte der Kubaner Zugang zu Devisen. Castros Dilemma ist, dass es zur Zweiklassen-Währungsgesellschaft vorerst keine ökonomische Alternative gibt.

Ist das neue Jahrtausend nun der Anfang vom Ende oder das Ende eines nunmehr über vier Jahrzehnte währenden Anfangs einer neuen kubanischen Gesellschaft? Einige von den „jungen Leuten", mit denen Castro sich umgibt und von denen die meisten auch schon über 40 sind, könnten einen dritten Weg zwischen Sozialismus und Kapitalismus anpeilen. Schon jetzt gibt es unter Castro eine Art kollektiver Führung, die auf ihn folgen könnte. Ins Auge fallen dabei der Wirtschaftsreformer und Vizepremier Carlos Lage, der Außenminister und frühere Assistent Castros, Felipe Pérez Roque, ein ideologischer Hardliner, und Ricardo Alarcón, der weltgewandte Parlamentspräsident und Emissär in kubanisch-amerikanischen Angelegenheiten. Und Raúl Castro, der Bruder? Er ist fünf Jahre jünger als Fidel und gehört zur alten Garde. Doch sollte er seinen Bruder überleben, ist ein Übergang ohne ihn nicht denkbar, weil er das Militär und den Sicherheitsapparat fest in der Hand hat.

**Und der Máximo Líder?** Wäre es möglich, dass er zu Lebzeiten abdankt? Das Haar und der legendäre Bart des Patriarchen sind zwar schütter geworden, auch wirkt er oft erschöpft. Sein Charisma und sein eiserner Wille scheinen jedoch ungebrochen. Er ist offenbar entschlossen, bis zum letzten Atemzug nicht von seiner Macht zu lassen.

Und wenn ihm die andauernde, unzeitgemäße und seinem Ansehen schadende Verletzung von Menschenrechten vorgeworfen wird, weil auf Kuba Andersdenkende eingeschüchtert werden und es immer noch etwa 300 politische Gefangene gibt, verweist er nur darauf, dass es anderswo mehr sind. In seinem Staat gebe es keine Todesschwadronen und Menschen verschwänden nicht einfach. Und im Gegensatz zu vielen anderen Teilen der Dritten Welt seien zahlreiche soziale Menschenrechte wie jenes auf Bildung oder auf eine angemessene Gesundheitsversorgung verwirklicht und die durchschnittliche Lebenserwartung betrage inzwischen fast 77 Jahre. Auf Kuba gebe es zwar Armut – auch wegen des Embargos – aber kein Elend wie bei den lateinamerikanischen Nachbarn, sagt er gern mit erhobenem Zeigefinger. Deshalb ist davon auszugehen, dass es, solange er der *Máximo Líder* ist, auch keine Meinungs- und Pressefreiheit oder freie Wahlen geben wird. Das passt nicht in die Welt eines Patriarchen. Denn darin kann es nur einen davon geben.

Ausländischen Beobachtern hat Castro vor einiger Zeit auf die Frage nach Pluralismus und der Zulassung politischer Parteien lapidar geantwortet: „Das kann ich nicht tun. Das soll dann mein Nachfolger übernehmen."

**Volker Skierka** *war Lateinamerika-Korrespondent der* Süddeutschen Zeitung *und* MERIAN-*Chefredakteur. Er arbeitet heute als freier Autor. Im Frühjahr 2001 erscheint im Kindler Verlag von ihm „Fidel Castro – eine Biografie".*

Symbolträchtiges Bild: wegen Castros Geste, aber vor allem wegen der Anwesenheit Juan Carlos' II. Er besuchte anlässlich des ibero-amerikanischen Gipfels 1999 als erster spanischer König Kuba. Rechts der damalige mexikanische Präsident Ernesto Zedillo, links Panamas Präsidentin Mireya Moscoso

Die Senioren tanzen in der „Casa del Estudiante" – wie jeden Donnerstag, wenn der Abend dämmert

# Son-

**Ohne Musik kein Leben – nirgendwo ist das wahrer als in Santiago de Cuba. Die Stadt im Osten schwingt im Rhythmus des**

**Text: Anne Zielke, Fotos: Tina Hager**

Kubas Musik hat mit Leidenschaft zu tun, besonders bei Marieta und Enrique. Sie treten als Duo auf und sind ein Liebespaar

# -City

**Son, hier reden die Menschen sogar singend. Und selbst im hohen Alter lassen sie keine Gelegenheit zum Tanzen aus**

Viele großartige Musiker hat Santiago schon hervorgebracht. Ihre Bilder hängen in der „Casa de la Trova“. In der Mitte die berühmten *trovador*

ndo Garay und Salvador Adams

**Wie beim Tanzen die Lampe kaputt ging,** das ist eine der Kindheitserinnerungen von Martha Mendibur, die heute 54 ist und Tanzlehrerin in Santiago de Cuba; eine Erinnerung aus der Zeit, als sie nur ein paar Häuser weit von der Moncada-Kaserne wohnte, wo die vielen Schüsse fielen – damals, als Fidel Castro dem Diktator Batista den ersten, symbolischen Streich versetzte, also sechs Jahre vor der Revolution.

Martha Mendibur war den Eltern in das Haus von Freunden gefolgt, wilden, leidenschaftlichen Tänzern; aus ihrem viel zu laut aufgedrehten Radio plärrte Rock'n' Roll. Die Menschen bewegten sich, man sah auch die Schatten tanzen im Licht einer Glühbirne, bis ein verirrter Fuß, eine verirrte Hand mit der ganzen Wucht einer von der Musik beschleunigten Bewegung auf die Lampe traf. Glas splitterte.

So also ist es in Santiago, wenn die Musik laut gestellt wird und den Menschen in die Knochen fährt. Martha Mendibur lacht. Der amerikanische Rock'n'Roll, sagt sie, sei in Santiago begeistert aufgenommen worden, so wie auch die mexikanischen Lieder, die im Radio liefen, das nie jemand abzuschalten schien. Und dann die Unzahl der kubanischen Rhythmen: Guaracha, Son, Bolero, Danzón, Rumba, Guajira und Changüí und viele mehr. Musik hatte auf der Insel schon immer und so sehr mit Leidenschaft zu tun, dass selbst einem Wissenschaftler, dem Historiker und Soziologen Fernando Ortíz, nur ein sinnlicher Vergleich einfiel: „Die kubanische Musik ist eine Liebesaffäre zwischen afrikanischen Trommeln und spanischen Gitarren."

Diese Musik ist zudem viel auf Reisen gewesen. Sie ist – gleich den mit der „Stillen Post" verschickten Wörtern – verändert zurückgekehrt, angereichert mit neuen Lauten, Melodien und Rhythmen, um alsbald von Neuem losgeschickt zu werden. Santiago hat von jeher genau hingehört, auf das, was kam. So wurde es Zentrum dieser Bewegungen. Ortíz hätte gesagt: seine Liebesstatt.

Aber warum Santiago? Was ist es, das diese Stadt so musikalisch macht? Warum bringt sie so großartige Musiker hervor wie die vom „Buena Vista Social Club"? Oder wie Juan Formell, der die „Los Van Van" gründete, Martha Mendiburs Lieblingsorchester, das zuletzt den lateinamerikanischen „Grammy" gewann?

Santiago de Cuba ist das Gegenstück zur 1000 Kilometer entfernten Hauptstadt, nicht nur geographisch. Havanna ist elegant, dem Norden und damit europäischen Einflüssen zugewandt. Es hat ein Kapitol und großzügige Straßen und ist beseelt von der traurigen Schönheit einer untergegangenen Epoche. Wer etwas werden will, ging und geht dorthin. Santiago aber liegt weit im Osten, wo Kuba in die Karibik hineinragt, von Haiti und Jamaika belagert. Eine Stadt als reines schwitzendes Jetzt, eine schwüle Erde mit engen staubigen Straßen und einem Hafen, der sich Afrika geöffnet hat. Also ist die Musik Santiagos eine afrikanische Erinnerung und zugleich auch Verbindung mit dem Tanz. Eine fest im Alltäglichen verankerte.

Martha Mendibur ist damit aufgewachsen. Wenn die Eltern, ein Bauarbeiter, ein Hausmädchen, neue Schritte zu neuen Rhythmen ausprobierten, schaute Martha zu, wie sich die Töne in etwas Sichtbares verwandelten. „Musik und Tanz gehören zusammen", sagt Martha.

Das ist nicht selbstverständlich. Während in Europa eine Musik der Konzertsäle entstand, Stücke zwar noch den Namen von Tänzen wie Menuett trugen, war die Musik doch nur zum Zuhören gedacht. „Die kubanische Musik versteht man mit den Füßen", hat die verstorbene Guaguancó-Sängerin Celeste Mendoza einmal zu dem Schriftsteller Camilo Venegas gesagt: „Man muss sie erst tanzen und dann

Wer ein großer Trompeter werden will, muss klein anfangen. Lehrer sind die Musiker der Son-Orchester

Kubanische Musik versteht man mit den Beinen. Im Pionierpalast studieren Mädchen einen Tanz ein

65 Jahre sind kein Alter, wenn mit Hingabe getanzt wird. Miguel und Zenaida beim Bolero in der „Casa del Estudiante“

Romelia hat viele Platten aus der Zeit, als sie jung war und leidenschaftlich tanzte. Die liebt auch die Enkelin

Afrika ist eine lebendige Erinnerung. Rumba, der schwärzeste aller Rhythmen, wird hier zu Ehren eines verstorbenen Trommlers getanzt

hören." Vielleicht haben die kubanischen Musiker sogar den Tanzenden zugesehen, um zu lernen, welche Musik sie schreiben müssen.

Einige der Schüler von Martha Mendibur treffen sich in der „Casa del Estudiante", wo Martha als Tanzlehrerin oder *trabajadora de cultura*, wie sie gern sagt, Kulturarbeiterin, unterrichtet. Jeden Donnerstag um sechs Uhr abends kommen die ersten in das hochherrschaftliche Gebäude mit dem von Säulen umsäumten Innenhof. Das Gelb der Wände ist lange verblasst. Vor der Revolution hieß der Ort Luz del Oriente, „Licht des Ostens", und war ein Tanzsalon für Mulatten in gehobener Stellung. Die meisten von Marthas Schülern erinnern sich noch an diese Zeit, denn sie gehören dem „Dritten Alter" an, der *tercera edad*, wie man in Kuba das Rentnerdasein nennt.

Elegante Damen mit Fächer schreiten am Arm ihrer Tanzpartner zum Danzón, seit Jahren schon, immer in der Dämmerstunde, und Martha Mendibur steht leicht wippend daneben, gekleidet in mintgrün und weiß und hält gestreng Ausschau nach Schritt- und Haltungsfehlern bei den Tanzenden. Besonders streng schaut sie auf Miguel, einen kleinen mageren Mann von etwa Mitte 60, der seine Frau Zenaida im knallroten Kleid immer etwas zu schwungvoll von einer Seite zur anderen zieht. „Das ist Bolero und kein Son", verkündet sie. „Also bitte mit kurzen Schritten und mit Würde."

**In der Pause kichern die beiden Alten** und kaufen sich Süßigkeiten und etwas Wein. Warum soll man nicht herumwirbeln wie der Teufel, wenn sich das Dritte Alter wie ein Frühling anfühlt? Sie gibt Leben, die Musik. Auch den Musikern der „Jubilados Cubaneros", den Kubanischen Rentnern, die nebenan vor der „Casa de la Trova" herumlungern und dort später spielen werden, begleitet von lauten Zurufen aus dem fachkundigen Publikum. Männer wie Inaudi Paisán Mallet, die den Son noch zu einer Zeit gelernt haben, als es keine staatlichen Musikschulen gab; als er von den Hängen der Sierra Maestra heruntergewandert war und Santiago, später Havanna, im Sturm unterwarf. Jetzt erobert er die Welt. Das verwundert die Rentner nicht, es sei geradezu zwangsläufig, meinen sie. Denn die beste Musik der Welt, das ist die kubanische. „Und in Santiago", so Eva Griñan, eine der jüngeren Sängerinnen in der „Casa de la Trova", die gerade mal die 50 überschritten hat und mit einer kräftigen, zugleich zarten Stimme Boleros singt, „in Santiago redet man sogar singend." Sagen sie in Havanna.

Die „Casa del Estudiante" und die „Casa de la Trova" sind nur zwei von vielen Orten, an denen in Santiago die Musik gepflegt wird, öffentlich, für alle. Im Pionierpalast, der rosa gestrichenen Villa der Bacardi-Familie im feinen Stadtteil Vista Alegre, kümmern sich Musiker der verschiedenen Son-Orchester um den Nachwuchs. In der „Casa de las Tradiciones" treten fast täglich Gruppen wie „Clave de Son", „Turquino", „Perlas del Son", „Jubilados Cubaneros" und „Cumbanchero" auf, zum Zuhören und zum Tanzen für die Stadtteilbewohner. Auch wenn mittlerweile eine andere Klientel dazugekommen ist: Touristen. Weshalb es auf einmal Eintrittspreise in Dollar gibt und in der „Casa de las Tradiciones" ein schönes Schwarz-weiß-Plakat aus England hängt, auf dem die Band „Vieja Trova Santiagueira" abgebildet ist, das musikalische Aushängeschild Santiagos in der Welt. Darunter steht: „Make sure you see them once in your lifetime – The Grandfathers of Salsa."

Andere Großväter treten im Herzen der Stadt, im Park Céspedes auf. Dort spielt vormittags regelmäßig die seit 40 Jahren bestehende „Orchesta Típica Tradicional". Und im kolonialen Innenhof des Karnevalsmuseums treffen sich junge Leute der „Tumba Francesa", einer haitianisch beeinflussten Gemeinschaft mit eigenen Rhythmen und Tänzen.

Die Zuhörer haben geschulte Ohren. Manche kommen seit Jahrzehnten täglich in die „Casa de la Trova"

Einer fängt an, andere gesellen sich dazu – für einen Abend auf der Bühne der „Casa de la Trova" bilden sich neue Bands

Der Hinterhof hallt wider von den mit Händen geschlagenen Trommeln. Purer Rhythmus, ohne Son-Instrumente wie der *tres*, die dreifach doppelsaitig bespannte Gitarre. Direktor Joaquín Castellano lässt einen Jungen verschiedene Rhythmusfolgen spielen, als sei die Trommel eine Zunge, die verschiedene Wörter formulieren und endlos wiederholen kann. Er spricht von der Funktion des Rhythmus, sagt rätselhafte Sätze wie: „Der hilft dem Geist, auf das Pferd zu steigen." Es ist das erste Mal, dass jemand von den Trommeln und den Göttern spricht.

**Santiago ist von Religion durchdrungen.** „Jeder in Kuba glaubt an irgendetwas", sagt Martha Mendibur ein paar Tage später, „und das gilt ganz besonders für die Santiagueros." Der von den Spaniern mitgebrachte Katholizismus war dabei wie eine Flasche, deren Etikett man behalten, den Inhalt jedoch verändert hat. Sie nahm das religiöse Erbe vieler afrikanischer Nationen auf und damit auch die Musik, die so untrennbar mit den Riten verbunden ist, dass Gebete zum Beispiel gesungen werden müssen, sonst werden sie nicht akzeptiert. Jeder Rhythmus ist ein Ruf, eine Anweisung. Die Trommeln sprechen.

„Wenn man beim Rhythmus von Son oder seinem Nachfolger Salsa genau hinhört", sagt Martha, „dann hört man die Trommeln Changó und Ochún rufen: alte Gottheiten aus Westafrika". Sie haben sich in Kuba hinter den Namen der katholischen Heiligen versteckt. Deshalb hat Celina González, Königin des Guajira, einem ihrer Lieder zwei Namen gegeben, „Santa Barbara" und „Que viva Changó!". Aber es sind viele Götter, vierhundertundeiner, und es sind genauso viele Rhythmen.

Der Rhythmus zählt, nicht die Melodie. Die Santiagueros haben das verinnerlicht. Deswegen tanzt man hier selbst Salsa anders als in Havanna: Dort folgen die Schritte der Melodie, in Santiago dem Rhythmus.

In einer Seitenstraße ohne Namen, nicht weit von Martha Mendiburs Haus, kommt es zu einer kleinen, unwirklichen Begegnung. Kein Lüftchen weht. Es ist Sonntagnachmittag. Trommelschläge sind zu hören, zwingend, unaufhörlich. Martha lauscht und wundert sich. Sie erkennt die Trommeln am Klang. „Das sind heilige *batá*", sagt sie.

Die Rhythmen kommen aus einem ärmlichen Haus. An der Tür stehen ernste, die Ankömmlinge musternde Leute, in den Händen Becher voller Rum. Wortlos treten sie zur Seite. Drinnen Hitze, Mensch steht an Mensch, die Trommler hinten an der Wand, und vor ihnen ein zuckender junger Mann, vollkommen außer sich: Der Geist ist auf sein Pferd gestiegen, und das Pferd wird scharf geritten. Eine Flasche Rum wandert umher. Und noch eine. Der Rhythmus verbannt die Gedanken, der Alkohol manipuliert die Wahrnehmung. Und doch war da im Halbdunkel und hinter einer, einen Spalt breit geöffneten, Tür ganz sicher dieses Ding zu sehen. Ein riesiger alter Löwenschädel.

In allen Sachen ist Musik, das ist das Geheimnis von Santiago, wird Eva Griñan später sagen, die Bolerosängerin aus der „Casa de la Trova". Man muss nur zuhören. Muss es machen wie Evas 90-jähriger Vater José, der über 100 Boleros schrieb, in ein altes zerfleddertes Buch, das er mit Blumenaquarellen verschönert hat. Nur ein Mensch hat je all diese Musik gehört, bekam sie ins Ohr gesummt über Jahrzehnte: Ihre Mutter Bertha, der alle Lieder gewidmet sind, die einst schöne und immer noch schöne Bertha, seit 62 Jahren die Frau von José Griñan. Die Rhythmen kommen in Santiago aus dem Löwenschädel, die Melodien aus dem Herzen.

**Anne Zielke** *tanzt selbst zu lateinamerikanischer Musik. Als Reporterin arbeitet sie vor allem für das* Magazin *der* Süddeutschen Zeitung. *Sie war mehrfach auf Kuba.*
**Tina Hager,** *freie Fotografin, lebt in den Vereinigten Staaten.*

Trommeln und *maracas*, Rumba-Rasseln, gehören zum festen Son-Instrumentarium

## MERIAN TIPP LIVE-MUSIK IN SANTIAGO

Wenn keine Öffnungszeiten angegeben sind, finden die Veranstaltungen nur unregelmäßig statt. Das aktuelle Programm gibt es im Buró de Información

### INFORMATION

**BURÓ DE INFORMACIÓN**
**Peret Carbo 5, Pl. de Marte, Telefon 233 02, tgl. 20 - 24 Uhr im Hof**

### KARNEVAL

Ende Juli tanzt ganz Santiago drei Tage lang: die Menschen feiern eine heißblütige Salsa- u. Conga-Kostümparty in den Parks und Straßen der Stadt

**MUSEO DEL CARNAVAL**
**Heredia 301, e/ Pío Rosado y Porfirio Valiente**

### TANZ-FLÄCHEN

**PARQUE CÉSPEDES**
**Mi, Fr, So vormittags** Es spielt das „Orchesta Típica Tradicional"

**CASA DE LAS TRADICIONES**
**Calle Rabí 154, San Fernando y Princesa, Tel. 538 92 tgl. 11 - 24 Uhr, Di geschl., Eintritt 1 US$**

**CASA DE LA TROVA**
**Pepe Sánchez, Heredia 206, e/ San Pedro y San Félix, Tel. 526 89, tgl. 11.30 - 14, 15.30 - 17, 20.30 - 22 im Saal; 22-1 Uhr im Hof. Eintritt 1 US$**

**SALA DE CONCIERTO DOLORES**
**Aguilera, Esquina Reloj**

**CASA DEL ESTUDIANTE**
**Heredia 204, e/ San Pedro y San Félix, Sa, So öffentl. Veranstaltungen**

**BIBLIOTECA ELVIRA CAPE**
**Heredia 259, e/ San Félix y Carnicería, Tel. 291 26, 246 69; Sa, So 20-1 Uhr Tanz**

# Lexikon für einen musikalischen Kontinent

## Die wichtigsten Stilrichtungen der kubanischen Musik mit Plattentipps

**Bolero** Ursprünglich ein spanisch-andalusischer Paartanz im Dreivierteltakt, der den französischen Komponisten Ravel zu seinem „Boléro" inspirierte und der in Kuba zu einer romantischen Liedform weiterentwickelt wurde. Mit seinem getragenen Tempo findet der kubanische Bolero seine Erotik in der Langsamkeit. Seit Ende des 19. Jahrhunderts haben sich zwei Arten des Boleros entwickelt: Der *Bolero trovadoresco,* der Bolero der Troubadoure, bei dem der Sänger Musik und Sprache nutzt, um seine Gefühle und Gedanken dem Zuhörer zu übermitteln. Und der dem Son verwandte *Bolero rítmico,* der mehr in die Beine geht. Er fordert zu einer der sinnlichsten Arten zu tanzen auf: langsam und nah. Viele Son- und Salsa-Orchester haben auch Boleros im Repertoire.
**Celia Cruz y La Sonora Matancera: Tu Voz – El Alacrán – El Panquelero**
**Bienvenido Granda: Romance Tropical**

**Cha-cha-chá** Die Musik und der gleichnamige Tanz sind nach dem Geräusch über den Tanzboden schleifender Füße benannt. Cha-cha-chá war die Rettung der kubanischen Orchester im Kampf mit den Son-Sextetten und Septetten um die Gunst des Publikums. Im Unterschied zum Danzón wird er nicht nur instrumental gespielt, sondern auch gesungen, vorwiegend im Chor.
**Orchesta Aragón: That Cuban Cha-cha-chá**

**Danzón** Er war bis ungefähr 1920 der kubanische Nationaltanz und ist europäischen Ursprungs. Danzón stammt vom englischen „country dance" ab, der in Frankreich als „contre dance" populär wurde, bald auch in der damaligen französischen Kolonie Haiti getanzt wurde und schließlich Kuba als menuettähnliche „contradanza" erreichte. Eine reine Instrumentalmusik, zu der getragen und würdevoll getanzt wurde. Die Entwicklung zum Danzón ging einher mit einer Veränderung der Instrumentierung: Mit Aufnahme typisch kubanischer Perkussionsinstrumente wie *timbales* und *güiro* entstand die *charanga,* das kubanische Orchester. Und erst die *charanga*-Gruppen gaben dem Danzón seine typisch karibische Note.
**Diverse Platten, zum Beispiel Barbarito Diez: Cuba Antología del Danzón**

**Latin Jazz** Chucho Valdés, Bandleader von „Irakere", entwickelte eine karibische Version des Jazz, die mit Elementen traditioneller kubanischer Musik durchsetzt ist. Damit gewann er bereits zwei Grammys. „Irakere" ist ein Wort aus der afrikanischen Yoruba-Sprache und bedeutet „Urwald" – eine passende Bezeichnung, da auch bei „Irakere" alles fruchtbar durcheinander wuchert: nordamerikanischer Jazz, afrikanische Perkussion und karibische Passion.
**Irakere: Yemaya**

**Mambo** Mambo hat sich, wie der Cha-cha-chá, in den vierziger Jahren aus dem Danzón entwickelt. Besonders in New York schlug er ein. Um den Danzón tanzbarer zu machen, wurde im Danzón-Mambo der Schlussteil in die Länge gezogen und stärker synkopiert. Und Piano, Querflöte und die Perkussionsinstrumente erhielten mehr Spielraum für Improvisationen.
**Pérez Prado: Qué rico mambo! (enthält das Original des Mambo No. 5)**

**Música campesina** Die Musik vom Lande gilt als die älteste Kubas. In ihr liegen die Wurzeln des Son. Die Lieder der *música campesina* reflektieren den Alltag der Landarbeiter und werden mit klassisch-harmonischem Gesang vorgetragen. Rhythmisch kommen sie aus unterschiedlichen Traditionen. Afrikanisch geprägt ist der Changüí – ursprünglich ein lokaler schwarzer Rhythmus aus der ländlichen Gegend um Guantánamo, von dem der Son seine rhythmischen Elemente bezog. Aber der Son hat auch auf den Changüí rückgewirkt: Der wichtigste Changüí-Sänger, Elio Revé, brachte das Tempo des urbanen Son und die religiösen Trommeln der Santería in die Musik. Guajira, der andere Zweig der *música campesina,* stammt von langsamen sevillanischen Tänzen im 3/4- oder 6/8-Takt ab. Die Königin des Guajira, Celina González, hat die Musik vom Lande nur von swingender Gitarre begleitet gesungen, aber auch mit bigbandähnlicher Opulenz vorgetragen.
**Elio Revé und Orchesta Revé: La explosión del momento!**
**Celina González: Antología de la música cubana**

**Nueva Trova** Auch wenn „Trova" im Namen steckt – mit den Rhythmen der alten Trova (siehe unten) hat die Neue nicht viel gemein. Trotzdem verstehen sich auch die beiden Protagonisten Silvio Rodríguez und Pablo Milanés als Troubadoure: In ihren Balladen, in deren Vordergrund immer die Texte stehen, erzählen sie Geschichten von Liebe und Schmerz. Damit haben Rodríguez und Milanés die Herzen vieler junger Lateinamerikaner erobert. Musikalisch ist Nueva Trova nicht mit dem Son, sondern mit der Nueva Canción Argentiniens und Chiles verbunden – so etwa mit den Liedern Victor Jaras.
**Silvio Rodríguez: Unicornio**
**Pablo Milanés: Versos de José Martí**

**Rumba** Die Musik der aus Afrika verschleppten Sklaven besteht aus Perkussion und Gesang. Der Rhythmus geht auf die *toques* (Schlagfolgen in den westafrikanischen Religionen) zurück, mit denen die Götter gerufen wurden. Entstanden ist Rumba im Westen Kubas, in Havanna und Matanzas. Es gibt drei Ausprägungen: Guaguancó, Yambú, Columbia, die alle gleichzeitig Tänze sind. Der populäre Guaguancó gipfelt in der *vacunao*, der „Impfung", bei dem der Tänzer sein Becken rhythmisch gegen das Gesäß der Frau bewegt. Yambú ist die entschärfte, langsamere Version. Columbia hingegen wird ausschließlich von Männern getanzt.
**Los Muñequitos de Matanzas: Vacunao**
**Celeste Mendoza: La Reina del Guaguancó**

**Salsa** Er ist momentan die populärste Musik in Kuba, vor allem bei den Jugendlichen. Puerto Rico hält sich für das Ursprungsland, Kuba ebenfalls, beide vermutlich zu Recht. Doch die rhythmische Verwandschaft zwischen Son und Salsa ist nicht zu überhören.
**Celia Cruz: A Night of Salsa**
**El Médico de la Salsa Manolín: Para mi Gente**
**Isaac Delgado: Los Grandes Exitos de Isaac Delgado**

**Son** Die Grundrhythmen, auf die sich mit Ausnahme der Nueva Trova alle kubanische Musik zurückführen lässt, sind Son und Rumba. Son hat den heutigen Salsa am meisten beeinflusst, ist Kubas Nationalrhythmus. Im Son – das ist sein europäisches Erbe – werden im Gegensatz zur Rumba auch Melodie-Instrumente gespielt; charakteristisch ist die *tres*, die mit drei Doppelsaiten bespannte Gitarre. In den 20er Jahren eroberte der Son vom Osten Kubas aus die Städte und löste, nach einem heftigen Popularitätskampf, allmählich den Danzón als Nationalmusik ab. Eng mit dem Son verbunden ist der Name Benny Moré, der als größter Son-Sänger aller Zeiten gefeiert wurde. Der *son cubano* ist auch in den letzten Jahrzehnten niemals verschwunden, auch wenn Salsa längst beliebter geworden ist: weil man schneller und wilder dazu tanzen kann.
**Benny Moré: Ay, mi Cuba!**
**Arsenio Rodríguez y su Cunjunto: Tocoloro**
**Celia Cruz, Sonora Matancera: En Vivo Radio Progreso Año 1956 V. 1**
**Buena Vista Social Club: Buena Vista Social Club**
**Septeto Nacional: Clásicos del Son**
**Juan Formell und Los Van Van: The Best of Los Van Van**

**Trova** Die Trova ist eine Vortragsform, die vor allem Ende des vorletzten Jahrhunderts in Santiago de Cuba und später in ganz Kuba populär war und bis heute überdauert hat: Troubadoure erzählen in ihren Liedern Geschichten – manchmal auf Basis eines Boleros, manchmal getragen von den leichtfüßigen Rhythmen eines Son, manchmal von denen eines Guajira- oder Changüí-Stückes. Einer der bekanntesten Troubadoure ist (neben Sindo Garay) Joseíto Fernandez, der „Guantanamera" geschrieben hat.
**Platten von Pepe Sanchez sind auf dem kubanischen Label EGREM erschienen und allenfalls auf Flohmärkten zu finden.**
**Vieja Trova Santiaguera: Hotel Asturias**

Alle aufgeführten Musiktitel sind in Plattenläden oder im Internet erhältlich.

Chucho Valdés, Bandleader von „Irakere", improvisiert am Klavier karibischen Jazz

Foto: Sven Creutzmann

S&J
Wir haben Geburtstag und Sie bekommen die Geschenke.
Gebührenfreies BROKERAGE 24 Depot für 1 Jahr. Plus 1 Monat kostenlos online ordern.
Alles Gute zum Geburtstag: Denn ab dem 25.09. können Sie ein BROKERAGE 24 Depot eröffnen, das für Sie 12 Monate gebührenfrei ist. Zudem zahlen Sie einen Monat lang keine Transaktionskosten für Wertpapier-Onlinekäufe. Fremdkosten sind nicht inklusive.
Besuchen Sie uns in einer unserer Filialen. Oder einfach unter www.deutsche-bank-24.de.
BROKERAGE 24 – der Discount-Broker der Deutschen Bank 24.
Für alle, die noch etwas vorhaben.
Deutsche Bank 24

# Die Liebe der

**Der Dichter und Journalist Raúl Rivero über sein Leben in Kuba. Einem Land, in dem Träume gefährlich sind – und überlebenswichtig**

Erklärungen schaden der Liebe – und doch liebe ich mein Geburtsland, gerade weil mein Leben nur in seiner Geographie eine Erklärung findet. Ebenso finden Kuba und seine Menschen in mir jemanden, der sie versteht. Die Atmosphäre, in der sie leben, ist mir vertraut, und auch jeder noch so verlorene Punkt auf der Landkarte.

Es ist ein natürliches Verhältnis, das der Unschuld, also der Kindheit entspringt; dort, im Reich der Kindheit – das schon weit hinter mir liegt – nahm eine Liebe ihren Anfang, die keine Katastrophe zerstören und keine Ideologie verderben kann.

Deshalb ist es immer beklemmend für mich, wenn jemand fragt: Warum verlässt du Kuba nicht? Wenn diese Frage kommt – und sie kommt immer wieder, sei es aus der eigenen Familie oder von lieb gewonnenen Landsleuten –, dann spüre ich einen Schmerz. Angst stellt sich ein, und der Verstand verwirrt sich.

Und noch jemanden gibt es, der mir wieder und wieder diese Frage stellt: ich selbst. Ich ertappe mich stets von Neuem dabei, von einem Leben anderswo zu träumen. In einem Land, in dem ich meine Meinung äußern kann, in dem ein Freiraum für die Debatte existiert und eine Druckerei, die meine Artikel und Gedichte druckt. Ein Ort in der Welt, wo ich nicht jeden Morgen mit der Furcht aufwache, es könnte der letzte Tag meiner Freiheit sein.

Ein Land, in dem meine Freunde, Nachbarn, Kollegen auf würdige Weise ihren Lebensunterhalt verdienen können, ohne dafür irgendwelche Repräsentanten irgendeiner politischen Idee hochleben zu lassen und beklatschen zu müssen.

Wage ich mich auf dieses Terrain, dann hilft es, wenn ich mir sage, dass in jenen Ländern meine Ideen, Gedichte oder Vorschläge weder Resonanz noch Zweck hätten, da sie dort selber Bürger haben, die sich Gedanken über das Land machen. Es verstehen und lieben.

Ich muss an eine der ersten kubanischen Kulturdelegationen denken, die um 1965 nach Frankreich reiste und von einem berühmten Tanzorchester begleitet wurde. Einem seiner besten Musiker bot man mehrere tausend Dollar und ein funkelnagelneues Auto an, damit er in Paris bleibe. Der Mann, der von Politik nicht viel wusste, antwortete rein intuitiv: „Meine Herrschaften, was könnte ich hier, wo mich niemand kennt, schon mit dem Geld und dem Wagen anfangen? In Havanna könnte ich beides gebrauchen, denn dort leben meine Freunde und die Mädchen, die mir gefallen."

Ich glaube, fremde Schönheit hat immer etwas Unnützes. Ebenso wie die Freiheit oder das Glück anderer befriedigt und erfreut sie mich; aber was mich, was uns, was die Kubaner angeht, so müssen wir versuchen, diese Dinge aus eigener Kraft zu erreichen.

Meine Weigerung, Kuba zu verlassen, ist kein dummer Trotz, ist nicht töricht. Hier zu leben und zu arbeiten ist mein Recht; und hier zu schreiben ist ein physiologisches Bedürfnis wie zu atmen oder zu essen. Die Leute sind von dem Gedanken besessen, fortzugehen, weil kurzfristig keine demokratische Lösung in Sicht ist. Also suchen sie sich einen individuellen Ausweg. Auch das ist das Recht eines jeden.

In Santiago de Cuba lebte in den neunziger Jahren ein Mann mit Namen Rafael. Er war so um die vierzig und hatte Frau und Kinder. Ohne Arbeit und ohne Hoffnung träumte er davon, in die Vereinigten Staaten zu gehen. Eines Nachts träumte er tatsächlich, er würde endlich mit seiner Familie in Richtung Norden in See stechen, in einem blauen Boot mit starkem Motor. Als der Morgen anbrach, riss seine Frau ihn aus dem Traum, und er erzählte ihr davon. Danach erzählte er den Traum mit allen Einzelheiten im Park, wo er mit arbeitslosen Freunden die Zeit totschlug. Auch seinen Verwandten erzählte er ihn. Und allen anderen, die den Traum hören wollten.

Drei Tage später klopfte die Politische Polizei an der Tür und nahm ihn unter folgender Anklage fest: Versuch, illegal das Land zu verlassen. Im Gefängnis von Boniato, in der Nähe der Hauptstadt Ostkubas, erzählte er die Geschichte Elizardo Sánchez, dem Vorsitzenden der kubanischen Menschenrechtsgruppen, der am selben Ort seine Haftstrafe verbüßte.

Die Obsession der Kubaner, also ihr Wunsch, fortzugehen, hat eine große nationale Tragikomödie in Gang gesetzt, deren düsterste Facette die Trennung der Familien ist. Von den Kollegen, mit denen ich das Projekt des unabhängigen Journalismus auf Kuba gegründet habe, sind schon viele ins Exil gegangen. Von den zehn Schriftstellern, die 1991 in einem Brief an die Regierung einen Wandel forderten, lebe nur noch ich auf Kuba.

Während vieler Nächte haben meine Frau Blanca und ich festgestellt, dass es eine neue Beschäftigung in diesem Land gibt: das Verabschieden von Freunden. Nach und nach sind wir immer einsamer geworden. Vor mehr als fünf Jahren sind unsere Kinder Miguelito und Cristina fortgegangen. Mein Bruder Humberto ist fort, und sie lassen ihn nicht einmal mehr einreisen, wenn er unsere Mutter besuchen will, die achtzig ist. Auch unsere nächsten Freunde sind gegangen: Journalisten, Schriftsteller, Chauffeure, Ingenieure, Uhrmacher, liebe Nachbarn, nette einfache Leute, die auf einmal zu dir treten und dir verschwörerisch zuraunen: „Am Montag bin ich fort."

# in den Zeiten Lügen

Die Leute des realen Kuba gehen weg. Die, die sich den Sorgen des Alltags stellen, dem materiellen Mangel, der eingeschränkten Gedankenfreiheit. Die Eigensinnigen, deren Argument der simple Wunsch ist, ihr einziges Leben zu leben. Vor allem die Älteren nehmen ihre Erinnerungen mit nach Miami, Madrid oder Caracas, voller Trauer über den Abschied klammern sie sich an die Briefe aus der Heimat, versuchen über Satellitentelefon in Verbindung zu bleiben und hoffen darauf, dass sie später zu Besuch zurückkommen dürfen.

Aber das Kuba, das sie verlassen haben, in dem ich mit meiner Familie lebe, ebenso wie die Freunde, die noch übrig sind, dieses Kuba ändert sich nicht. Oder nur, um noch unwirtlicher zu werden. Und währenddessen sieht man im Fernseher ein virtuelles Land Revue passieren, geschaffen von den Medien der Regierung.

Das virtuelle Land ist eine Nation aus dem ideologischen Labor, die in den Samsonites der Funktionäre durch die Welt getragen wird. Es ist die Insel des Tourismus und der Nomenklatura, ein Eiland inmitten unseres Karibik-Archipels. Auf den Kubaner, der zu Fuß durch die dreckigen Straßen voller Schlaglöcher geht, die bevölkert sind von Fahrradtaxis und amerikanischen Schlitten aus den vierziger Jahren, wirkt dieses Eiland wie ein Märchentraum.

Sonia, meine 67-jährige Nachbarin, die Zigaretten zu 35 Centavo das Stück verkauft, hat mir vor kurzem gesagt: „Im Fernsehen machen mir nur noch die brasilianischen Telenovelas Freude, alles andere verursacht mir Schmerzen: die Reden, die politischen Akte, all die Heuchelei. Dabei fühle ich mich allein und ein bisschen schmutzig, als wäre ich hier fehl am Platz. Ich bin eine Fremde im eigenen Land."

Ich bin überzeugt, dass diese Situation die dunkelsten Seiten der kubanischen Seele zum Vorschein gebracht hat. Die verarmten Schichten vollführen einen Drahtseilakt. Das Gleichgewicht zu bewahren, erfordert Heuchelei, Masken, Lügen.

Gegenwärtig ist die rettende Planke für diese Menschen die Religion. Tausende von Männern und Frauen haben sich wieder dem Katholizismus zugewandt, und ebenso viele suchen Halt in der Glaubenswelt afrikanischen Ursprungs.

Vor einiger Zeit besuchte ich mit einem Schriftsteller, der inzwischen im Exil lebt und immer den Ruf eines gottlosen Atheisten gehabt hatte, das Heiligtum von Sankt Lazarus in El Rincón. Der katholische Heilige wird in den afrokubanischen Riten als Verkörperung des alten Babalú Ayé angesehen. Norberto Fuentes, der Autor der authentischsten Hemingway-Biografie, kniete also vor Babalú Ayés Altar nieder und rief ihn an: „Alter, hilf mir, Kuba zu verlassen und beschütze meine Familie." Neben dem Intellektuellen waren an jenem Morgen hunderte Kubaner dort, mit Kerzen in den Händen, die vom alten Lazarus Wohltaten erflehten. Ich erschrak, kam mir seltsam und einsam vor, denn neben mir sah ich auch meine Frau in stummem Dialog mit der Gipsfigur; sie bat um ein baldiges Wiedersehen mit unseren Kindern, um Gesundheit und Ruhe. Ich kam mir zerbrechlich und vergessen vor, ohne Kraft, mein eigenes Schicksal zu lenken.

Man muss sich Tag für Tag von Neuem mit Hingabe an das Leben wappnen. Und man muss die Fantasie gebrauchen, versuchen, in einer dunklen und etwas barbarischen Gegenwart eine glänzende Zukunft zu erahnen.

Manchmal gelingt es mir sogar, diesen Tagen Schönheit zu verleihen, denn ich bin überzeugt, dass das Paradies und die Hölle im Menschen selbst zu finden sind. Ein Tag kann schön für uns werden, wenn wir über ein Buch reden oder über einen guten Film, wenn wir wissen, dass die Kollegen sicher zu Hause sind und gerade eine neue Nacht am kobaltblauen Himmel von Havanna heraufzieht.

Die Dichtung kommt in dieser Lebensphase nur in der Nacht zu mir, schweigend und frei, fremd, unbeschwert von den Problemen oder gemeinsam mit den Leiden, die dann jedoch fein säuberlich geordnet sind, fast mit Händen zu fassen, damit der Dichter sie polieren und mit anderen teilen kann.

Ich glaube, angesichts all der künstlich entworfenen, falschen Nationen ist es in unserer komplexen Gesellschaft das Wichtigste, in seinem Land zu bleiben. Den Chip der virtuellen Realität, das winzige, glitzernde Kuba, das die Regierung propagiert, kann man abschalten. Was niemand weder löschen noch ersetzen kann, sind das Land und die Luft, das Meer und die Palmen, das geographische Territorium, in dem wir geboren wurden und aufgewachsen sind und das – übel zugerichtet und immer wieder neu aufgebaut – allen Wirbelstürmen trotzt.

Ich will weder Recht noch Wahrheit für mich beanspruchen. Ich nehme mir vor, beides zu suchen, und dabei vergeht meine Zeit. Das verpflichtet mich, das Land lebendig zu halten, und den Schlüssel zu suchen nicht zum Ruhm, sondern zur wahrhaftigen Dichtung. Um keinen mehr zu vergessen. Und nichts.

**Raúl Rivero** *veröffentlichte mehrere Gedichtbände und gründete die unabhängige Nachrichtenagentur* Cuba-Press. *Er lebt in Havanna.*
**Susanne Lange** *übersetzte den Text aus dem Spanischen.*

Foto: Marc-Oliver Schulz

Von der Welt erfährt Tania Quintero durch die *BBC*. Erlaubt ist das nicht

# Nachrichten aus einem unfreien Land

Text: Ruedi Leuthold

**Was auf Kuba in der Zeitung stehen darf, bestimmt die Regierung. Journalisten, die nicht der Propaganda dienen wollen, nutzen deshalb andere Kanäle.**

Bessere Menschen sind sie wohl kaum. Womöglich nicht einmal die besseren Journalisten. Seit sie ihre Berichte per Fax durchgeben und nicht mehr telefonisch, offenbaren sich bei einigen sogar beträchtliche orthographische Mängel. Aber schon einen missliebigen Tatbestand auszusprechen, nüchtern, stilistisch nicht immer fein geformt, hat in Kuba Bedeutung. Und stellt ein Risiko dar. Die Regierung fürchtet die unabhängigen Journalisten beinahe mehr als die Opposition. Sie kratzen an einem entscheidenden Punkt des diktatorialen Selbstverständnisses: dem Monopol auf die Wahrheit.

Die staatlichen Medien veröffentlichen, was die Wächter der kommunistischen Partei zulassen; *Granma*, das offizielle Organ der Regierung und die einzige Zeitung, die regelmäßig erscheint, zeichnet sich durch eine einzigartige Selektion ihrer Nachrichten aus: die Welt reduziert auf das, was den Machthabern auf der kleinen Insel nutzt und frommt.

Es waren oppositionelle Kreise, die Anfang der 90er Jahre begannen, Nachrichten aus Kuba in die USA zu übermitteln. Dann kamen professionelle Journalisten dazu, die ihre Arbeit nicht mehr in den Dienst der staatlichen Propaganda stellen wollten. Das Internet verschaffte ihnen eine neue Öffentlichkeit.

Inzwischen sind es etwa 60 Journalisten, verteilt über das ganze Land, organisiert in einem Dutzend Agenturen. Sie telefonieren und faxen ihre Berichte aus dem kubanischen Alltag, wie er nicht in den kubanischen Zeitungen steht, nach Miami. Dort werden die Artikel im Radio verlesen, ins Netz eingespeist, von Zeitungen nachgedruckt.

**Die Journalisten selber bekommen von der Verwertung ihrer Arbeit wenig mit.** So gut wie nie gelangen Exilzeitungen nach Kuba. Und der Besitz eines Computers ist ihnen untersagt, der Zugang zum Internet verboten.

Abgeschnitten von den Empfängern, ohne Zugang zu den Quellen, kämpfen die starrköpfigen Helden der Nachrichtenfront für das Prinzip des freien Wortes. Es gibt alte Marxisten unter ihnen, die im Regierungsapparat tätig waren, bevor sie irgendeiner Säuberung, irgendeiner Wendung in der offiziellen Interpretation der Realität zum Opfer fielen. Es gibt Anhänger neoliberaler Ideen, die den Sozialismus lieber heute als morgen begraben würden. Es gibt altgediente Schreiber, die für die staatlichen Medien gearbeitet haben, bis sie genug davon hatten, die Wahrheit im Dienste einer übergeordneten Sache zu formulieren. Es gibt junge Spürnasen, hungrig in jeder Beziehung, die den Neuigkeiten nachjagen mit dem Ziel, sobald wie möglich nach Miami abzuhauen. Manchmal klopfen sie auf den Tisch und verlangen mehr Lohn. Sie verdienen 25 Dollar im Monat. Die Älteren 40.

Das größte Problem der unabhängigen Journalisten besteht in der Informationsbeschaffung. Offizielle Auskünfte erhalten sie keine. Ihre Geschichten erfahren sie in der Nachbarschaft, nicht selten auch von Exilkubanern, die wiederum von Familienangehörigen etwas gehört haben. Dann gilt es, das Gehörte zu verifizieren.

Denn auf die Verbreitung unwahrer Nachrichten stehen – Artikel 103 des kubanischen Strafrechts, Absatz 2 und 3 – bis zu 15 Jahre Gefängnis. Raúl Rivero, Leiter der größten unabhängigen Nachrichtenagentur des Landes, *Cuba-Press,* verlangt von seinen 17 Mitarbeitern zu ihrem eigenen Schutz, jede Meldung mindestens dreimal zu überprüfen. Erst dann wird sie ins Ausland übermittelt. Manchmal kommt sie über den amerikanischen Störsender *Radio*

*Martí* ins Land zurück, bevor die staatlich kontrollierten Medien den Sachverhalt überhaupt bemerkt haben. Dann sind die Journalisten ein bisschen stolz.

Hat sich also zum Beispiel das Gerücht verbreitet, dass in Pinar del Río eine Kuh gestohlen wurde, dann packt der örtliche Korrespondent sein Rad, fährt sechs Kilometer, bezeugt mit eigenen Augen die Tat – und wird gleich auch von der Polizei in Empfang genommen. Wir haben auf dich gewartet, sagen die Ordnungshüter.

Aber ihr solltet doch die Viehdiebe fangen, antwortet der Korrespondent. Nicht mich!

Auf Viehdiebstahl steht in Kuba eine hohe Gefängnisstrafe. Wenn jemand trotzdem das Risiko auf sich nimmt, kann das bedeuten, er litt an Hunger – und das widerspricht den Verlautbarungen der staatlichen Propaganda. Deshalb ist auch der Bericht über einen Viehdiebstahl eine hochpolitische Angelegenheit. Und der Überbringer der schlechten Botschaft eine Gefahr.

Oder wenn es heisst, ein Bauer in der Gemeinde von San Miguel wolle aus der staatlichen Kooperative austreten und nur noch für den privaten Markt produzieren. Dann fährt Mary Miranda hin, um ihn zu interviewen, die Reporterin, deren Wohnung zugleich als Sitz der Agentur dient. Die Polizei, die offenbar das Telefon abgehört hat, verhaftet sie und buchtet sie ein für 24 Stunden. Die Kollegen trösten die weinenden Kinder.

Es ist nicht so, dass die unabhängigen Journalisten in Kuba gefoltert oder gar umgebracht werden. Aber mit Schikanen müssen sie rechnen. Tania Quintero war eine bekannte Fernsehjournalistin bei der staatlichen TV-Anstalt. Als ihrem Sohn einfiel, öffentlich eine kubanische Perestroika zu verlangen, verlor sie ihre Stelle. Jetzt arbeitet sie als unabhängige Journalistin. Um sich zu informieren, hört sie jeden Morgen *BBC*.

Weltempfänger sind das Erste, was Sicherheitsbeamte bei ihren unangemeldeten Hausbesuchen konfiszieren. Aber auch Schreibmaschinen werden beschlagnahmt. Telefone abgestellt. Oder es erscheinen fremde Menschen vor dem Haus, von der Sicherheitspolizei herbeigekarrt, und schreien: Lakaien des Imperialismus, Verräter, Söldnerknechte.

Und seit dem 15. März 1999 ist in Kuba ein Gesetz in Kraft, welches, etwas umständlich formuliert, ein einziges Ziel hat: die Arbeit von unabhängigen Journalisten unmöglich zu machen. „Wer Informationen an die USA übermittelt und damit den Wirtschaftskrieg unterstützt, der die innere Ordnung zerstören, das Land destabilisieren und den sozialistischen Staat liquidieren soll, wird mit 7 bis 15 Jahren Gefängnis bestraft. Wird das Delikt gemeinschaftlich und gegen Bezahlung ausgeübt, kann die Strafe bis zu 20 Jahre Gefängnis betragen."

Das Maulkorbgesetz wurde bisher noch gegen keinen Journalisten angewendet. Die Regierung fürchtet internationale Proteste und findet andere Mittel der Einschüchterung. Der Korrespondent von *Cuba-Press* in Pinar del Río, Victor Rolando Arollo, wurde nicht wegen seiner Berichterstattung für sechs Monate ins Gefängnis gesteckt. Man warf ihm vor, illegal Kinderspielzeug gehortet zu haben. Die Polizei erwischte ihn, als er an Ostern einigen Nachbarskindern Spielsachen schenkte.

Ein Redakteur eines katholischen Blattes, im Hauptberuf Ingenieur in einer Tabakfabrik, verlor nach einem kritischen Artikel seine Stelle und muss jetzt zwei Jahre lang die Felder von Unkraut reinigen.

Raúl Rivero war fünfmal im Gefängnis, seit er 1996, nach einer langen Zeit bei den offiziellen Medien, *Cuba-Press* gründete. Fidel Castro machte sich persönlich die Mühe, ihn als Alkoholiker zu verunglimpfen. Aber das Schlimmste war damit noch nicht erreicht. Das Schlimmste kam, als die Exilkubaner in Miami, die die Berichte der unabhängigen Journalisten ins Internet eingeben und ihnen die Honorare für Nachdrucke zukommen lassen, ebenfalls begannen, missliebige Artikel zu zensieren. Missliebig waren Artikel, die sich nicht als Propaganda gegen das Regime verwenden ließen.

Jetzt sucht sich Raúl Rivero einen neuen Zugang zum internationalen Datenstrom, am liebsten weit weg von Miami. Die Kubaner, so sagt er, müssen lernen, dass der Himmel verschiedene Farben hat. Und sie müssen lernen, gemeinsam unter diesem Himmel zu leben.

Eigentlich ist Raúl Rivero Poet. Nur findet er kaum noch Zeit, Gedichte zu schreiben. Manchmal, so sagt er, braucht es Leute, die nichts anderes beschreiben als das, was sie sehen. Und nicht das, was sie sehen möchten.

Unabhängige Berichte aus Kuba gibt es im Internet unter: www.cubapress.com und www.nuevaprensa.com

Foto: José Goitia

**Raúl Rivero ist Leiter von *Cuba-Press*, der größten unabhängigen Agentur des Landes. Was er und seine 17 Mitarbeiter schreiben, geht per Fax nach Miami**

Am 1. Januar 1959 bekommt Kuba ein neues Gesicht. Fidel Castros Rebellenarmee hat die Soldaten des Batista-Regimes besiegt. Castro und Che Guevara ziehen als Helden in Havanna ein. Vier Fotografen sind in diesen Geburtsstunden der kubanischen Revolution dabei: Osvaldo Salas, sein Sohn Roberto, Raúl Corrales und Alberto Korda. Sie halten den Triumph in Castros Gesicht am Tag der Machtübernahme fest und lichten die Volksfeststimmung in der Bevölkerung ab. Mit der Kraft ihrer Bilder dienen sie der Propaganda des kommenden Systems und prägen eine neue Fotografie. Ungestellt und ohne Blitz entstehen ihre Bilder, und ganz pur und direkt wirken sie auch auf den Betrachter. Damals wie heute

# *Aus dem Bilderbuch der Revolution*

*Kundgebungen finden 1959 in Havanna häufig statt. Immer versammeln sich auf der Plaza de la Revolución Tausende von Menschen.* Alberto Korda *fotografiert den Mann auf der Laterne mit einem 300er Teleobjektiv. Roberto Salas, der neben Korda steht, sieht das Motiv ebenfalls, besitzt aber kein Teleobjektiv*

*Der Ritt der Rebellenarmee zu den Ländereien der „United Fruit Company", um sie im Namen des Volkes zu beschlagnahmen und zu verstaatlichen.*
*In der ersten Reihe: Fidel Castro mit Zigarre und kubanischer Flagge. „Caballería", Reiterei, nennt* Raúl Corrales *sein Foto von 1959*

*Fidel Castro 1965 bei einem Ausflug in die Sierra Maestra. „So entspannt, so relaxed" erlebt* Roberto Salas *ihn nur sehr selten und liebt deshalb das Bild. Meistens gibt sich Castro kontrolliert. Als Salas ihn mit nacktem Oberkörper im Wald fotografieren will, wird er dafür zurechtgewiesen*

*Nach ihrem Sieg in der Schweinebucht ziehen Castros Soldaten zum Präsidentenpalast und schwenken ihre Mützen mit ihren Gewehren. Es ist das Jahr 1961, und Fidel Castro hat seinen zweiten großen Sieg errungen.*
Raúl Corrales *hält den Moment für die Zeitung* Revolución *fest*

*Celia Sánchez, Castros engste Vertraute und Kubas First Lady, im Büro des Chefredakteurs der Zeitung* Granma *in Havanna. An der Wand ein Ölbild von Che Guevara, gemalt nach einem Porträt des Fotografen* Osvaldo Salas, *der 1968 auch dieses Foto macht. Ein Schnappschuss, denn Celia lässt sich nur ungern fotografieren*

*Die kubanische Botschaft in Caracas, Venezuela. Wieder das Jahr 1959. Castro ist zu Besuch. Unter dem barocken Bild einer nackten Schönen schläft einer seiner Begleiter. „El Sueño", der Traum, nennt* Raúl Corrales *sein Foto, weil der Soldat von dem Mädchen zu träumen scheint*

*Am Jahresende 1960 wächst in Kuba die Angst, die USA würden Invasionstruppen schicken. Castro mobilisiert die Massen. In Havanna verstecken sich viele Menschen in einem Tunnel. Die Invasion bleibt vorerst aus.* Raúl Corrales *fotografiert den Treck der Heimkehrer*

*1970, mehr als zehn Jahre nach Castros Sieg über General Batista, lebt der Geist der Revolution in kubanischen Gesichtern wie zu ihrem Beginn. Bei einer Kundgebung in Havanna entdeckt* Osvaldo Salas *diese Frau, die eine Seite der Revolutionszeitung* Granma *hochhält*

Die vierjährige Paulita hält ein Stück Holz im Arm, redet mit ihm und liebkost es, als wäre es eine Puppe. Für Alberto Korda, der sie porträtiert, ein Abbild der Armut. 1959 aufgenommen, macht es ihn schnell zum Anhänger der Revolution. Das Mädchen besucht er regelmäßig wieder – bis es mit 23 Jahren an Krebs stirbt

# Korda, Corrales

**Merian:** Drei Fotografen, drei Freunde? Waren Sie auch Konkurrenten ?

**Roberto Salas:** Wir sind immer wie eine Familie gewesen, die um Fidel herum agierte. Korda und Corrales waren für mich ältere Brüder, denn ich hatte keine eigenen. Mein Vater Osvaldo Salas war der vierte in unserem Team. Er ist 1992 gestorben.

**Raúl Corrales:** Wir waren ein starkes Quartett, Fidels Leibfotografen. Konkurrenz gab es nicht unter uns.

**Alberto Korda:** Stimmt nicht. Natürlich gab es Konkurrenz. Wir sind seit 40 Jahren befreundet, aber wir haben auch dieselben Leute für dieselben Zeitungen fotografiert und jeder wollte der Beste sein.

**Salas:** Und der Schnellste. Kordas Bild von dem Bauern mit dem Sombrero, der während einer Revolutionskundgebung 1959 auf eine Laterne stieg, hatte ich natürlich auch gesehen, ich stand ja neben ihm. Nur rückte er im entscheidenden Moment sein 300er Teleobjektiv nicht raus, er brauchte es ja selbst, und ich hatte keins.

**Korda** (lacht): Stimmt. Wir mussten ständig improvisieren, hatten Second- und Thirdhand-Uraltkameras, kaum Objektive und sehr oft auch kein Filmmaterial.

**Salas:** Corrales hat uns gezeigt, wie man die letzten drei, vier Meter von unbelichteten Kinofilmen in absoluter Finsternis auf Röllchen spult. Damit sind wir losgezogen, haben Fidel und die anderen fotografiert.

**Merian:** Entstand mit der Revolution in Kuba auch eine neue Fotografie?

**Corrales:** Ein klares Ja. Wir waren in Kuba die Ersten, die Reportagefotos

Die Fotografen Alberto Korda, Roberto Salas, Raúl Corrales (v.l.n.r.) beim Interview. Korda zeigt sein berühmtes Che Guevara-Porträt

nute, und ich drückte zweimal ab, einmal Hochformat, einmal quer. Ein Schnappschuss. Dass er weltberühmt wurde, das meistgedruckte Foto überhaupt, habe ich erst in den achtziger Jahren mitgekriegt, als ich ins Ausland reiste. Ich hab' es dort überall gesehen, sogar als Tätowierung auf Brüsten und Schultern.

**Corrales:** Ich finde, Che sieht darauf aus wie eine Ikone. So starr, so heilig. Aber so war er nicht. Er hat immer geredet, gestikuliert, geraucht, gelacht, wie auf den Fotos, die ich von ihm gemacht habe. Da ist er lebendig!

**Merian:** Wie war Guevara wirklich?

**Salas:** Ein Außenseiter. Ein schwieriger Mensch. Er glaubte an eine Gesellschaft, die es nicht geben kann, an den neuen Menschen. Er war ein schlechter Menschenkenner. Er wollte, dass die Leute Waren und Dienstleistungen tauschen, statt mit Geld zu bezahlen. *Dios mio,* eine nette Idee, aber sie funktioniert nicht. Doch Kompromisse hätte er niemals akzeptiert. Er war der konsequenteste Mensch, dem ich je begegnet bin.

**Korda:** El Che war der Jesus seiner Zeit. Den einen haben sie ans Kreuz genagelt, den anderen erschossen. Che hasste es, fotografiert zu werden. Er machte es uns wirklich schwer. Sobald man anfing, sagte er, „jetzt reicht's. Ihr seid ja schlimmer als Yankee-Fotografen."

**Corrales:** Von meinen Portraits, die ich im Fernsehstudio von ihm gemacht hatte, schenkte ich ihm acht Abzüge. Er sah sie an und sagte: „Die Bilder sind gut, aber du bist schlecht. Welch eine Verschwendung von Material! Material der Revolution."

**Korda:** Es war ein Graus mit ihm! Als Industrieminister probierte er mal bei der Zuckerrohrernte eine neue Erntemaschine aus. Ich sollte ihn dabei fotografieren. Er zwang mich, eine ganze Woche mitzuarbeiten. Erst danach erlaubte er mir für zwei Stunden, ihn zu fotografieren.

**Corrales:** Dabei interessierte er sich für die Fotografie, ließ sich jedes neue Objektiv zeigen. Er hat sogar mal einige Monate in Mexiko als Fotograf gearbeitet. Knipste Leute auf den Plätzen.

**Korda:** Aber er war ein schlechter Fotograf.

**Merian:** Ist Castro genauso schwierig?

**Corrales:** Nein. Mir hat er nie verboten, ihn zu fotografieren.

**Salas:** Mir nur einmal, als er in der Sierra Maestra mit nacktem Oberkör-

# ...und Salas im Gespräch

gemacht haben. Bis dahin gab es nur klein gedruckte Nachrichtenfotos, keinen Anspruch, keinen Fotostil.

**Salas:** Wir haben begonnen, konsequent nur mit natürlichem Licht zu arbeiten, ohne Blitz, um Stimmungen und Alltagssituationen einzufangen.

**Corrales:** Wenige Tage nach der Revolution rief Fidel mich zu sich in sein Büro, blätterte im amerikanischen Fotomagazin *Life* herum und sagte: „In zwei Wochen will ich so eine Zeitschrift haben. Ein eigenes Revolutionsblatt muss her!" Fidel wusste, Kuba braucht das. Für mich war das eine Herausforderung. Ich jubelte innerlich. Schließlich war es genau diese Zeitschrift *Life* mit ihren aufregenden, nie zuvor gesehenen Fotografien von Robert Capa, Alfred Eisenstaedt und Andreas Feininger, die mich in den 40er Jahren zur Fotografie gebracht hatten. Ich arbeitete damals erst als Tellerwäscher, Obstverkäufer, dann als Handlanger in einem Fotoladen. Da entdeckte ich *Life* – und kaufte meine erste Kamera – so ein Plastikding für zwei Pesos.

**Korda:** Corrales wurde unser Chefredakteur und jagte uns in der Gegend rum, hinaus in die Hitze, während er ganz *tranquilo* im klimatisierten Büro saß und Zigarre rauchte.

**Corrales** (grinst): Es brauchte halt einen, der konzeptionell denken, Geschichten kreieren, und das Archiv aufbauen konnte. Ich war nicht Chefredakteur, sondern Bildchef von *Revolución*.

**Salas:** Für mich warst du ein konstruktiver Kritiker, ein wunderbarer Lehrmeister, Corrales. Du wusstest so viel über die Regeln der Bildaufteilung, konntest das auch formulieren. Zu dir bin ich gegangen, wenn ich bei einem Foto unsicher war. Seltener zu meinem Vater, obwohl er damals als Fotograf bereits bekannt war. Osvaldo hat mich in New York zu Fotoaufträgen mitgenommen, als ich noch ein Kind war. Ich habe ihn sehr bewundert.

**Corrales:** Osvaldo Salas war ein großer Künstler, den ich sehr bewundere, nicht einfach für dich, Salitas, neben ihm zu bestehen.

**Salas:** Ein Schweizer Journalist hat mich vor zehn Jahren darauf aufmerksam gemacht, dass mein Vater immer Quer- ich meist Hochformate fotografiere. So hab' ich mich unbewusst von ihm abgesetzt.

**Korda:** Keine Frage, Corrales, du warst unser Maestro. Ich habe deine Fotos schon bewundert, als ich noch mit dem Bauchladen durch die Altstadt lief und Seife verkaufte. Sie sind so voller Lebendigkeit, spiegeln das Leben wider, erzählen Geschichten von Menschen. Du hattest die Gabe, die Magie des Augenblicks einzufangen. Deinetwegen habe ich mir meinen ersten Fotoapparat angeschafft. Aus dem Pfandhaus.

**Corrales:** Dafür bist du der Berühmteste von uns allen.

**Korda** (lacht): Und ob, das bin ich. Mein Foto von Che mit Lederjacke und Baskenmütze mit rotem Stern kennt schließlich jeder. Zugegeben, es ist nicht das beste Foto, das es von ihm gibt. Aber mir gefällt es. Ich hab' es gemacht, als Che bei einer Rede Castros in Havanna auftauchte, 1960 war das. Er stand nur einen Moment da vor dem Friedhof Colón, keine halbe Miper im Wald stand. „Fotografier mich nicht ohne Hemd, Salitas“, sagte er. Da war er eigen. Seit 40 Jahren sind Fotografen aus aller Welt hinter ihm her. Kein Staatschef wurde öfter fotografiert als er. Trotzdem gibt es kaum zehn wirklich gute Bilder von ihm.

**Merian:** Woran liegt das?

**Salas:** Ich kann's nicht erklären. Castro wurde viel öfter fotografiert als Che Guevara, der ja nur vier Jahre im Licht der Öffentlichkeit stand. Aber vom Che gibt es mindestens 20 Fotografien, die jede für sich ein Kunstwerk sind. Der hatte so eine Ausstrahlung.

**Corrales:** Fidel hat dafür einen Riecher für Situationen. Eines meiner wichtigsten Bilder entstand während einer Kundgebung auf der Plaza de la Revolución in Havanna, nachdem der

Seine Fotos wirken beinahe altmeisterlich, wie gemalt, dabei hat er nie eins gestellt. Für Castros große Auftritte war Raúl Corrales besonders gut. Fidel zu Pferd in der Sierra Maestra oder im Kampf in der Schweinebucht. Bilder von verklärender Schönheit. Heute ist Corrales 75 Jahre alt. Seit 1961 archiviert er Dokumente der Revolution. Die Fotografie gab er auf

damalige US-Präsident Eisenhower ein Ausfuhrverbot von Waren nach Kuba verfügt hatte. Fidel deutete von der Tribüne auf den Platz. Da unten drängte sich eine Million Menschen, und er fragte: „Kannst du das fotografieren?“ Am nächsten Tag brachte die Zeitung *Revolución* das Bild über die ganze Seite. Die meisten Kubaner waren damals Analphabeten, die konnten nicht mal die Überschrift „Eine Million auf der Plaza“ lesen. Doch mein Foto erklärte die Situation auf einen Blick.

**Merian:** Gibt es für Sie so etwas wie ein Lieblingsfoto ?

**Korda:** Für mich ist es das Mädchen Paulita mit dem Holzklotz im Arm, das ich 1959 fotografiert habe. Nicht, weil es ein brillantes Foto ist, sondern weil es mich wachgerüttelt hat. Damals entschied ich mich für die Revolution. Denn jedes kleine Mädchen sollte eine Puppe haben.

**Salas:** Mein liebstes Foto ist Fidel in der Hängematte. Es entstand 1965 bei einem Fußmarsch in die Sierra Maestra. Fidel wirkt so entspannt, so relaxed hab ich ihn nur selten erlebt, solche Momente waren kostbar für mich.

**Corrales:** Mein eigener Favorit ist „El Sueno“, der Traum, aufgenommen in der kubanischen Botschaft in Caracas. Ein schlafender Guerillero vor einer Kommode, auf der seine Maschinenpistole liegt, an der Wand darüber das Gemälde einer nackten Frau. Für mich ist es, als träumte der Schlafende von der Schönen auf dem Bild. Es sieht arrangiert aus, ist es aber nicht. Das ist keines meiner Bilder.

**Merian:** Mussten Sie Parteimitglied sein, um für Castro fotografieren zu dürfen?

**Corrales:** Ich bin von Anfang an Mitglied gewesen. Von ganzem Herzen. Unsere Fotos haben die Revolution hinausgetragen zum Volk und in die Welt. Fidel wusste, wie wichtig das ist.

**Korda:** Ich war nie in der Partei, der Kommunismus interessiert mich nicht. Dafür Castro umso mehr. Ich bin *fidelista*. Er hat mich in all den Jahren in keinem Punkt enttäuscht …

**Merian:** … und Sie alle drei berühmt gemacht. Sind Sie ihm dankbar?

**Corrales:** Ich traf ihn zum ersten Mal 1949 auf der Beerdigung eines Studenten, den Polizisten bei einer Demonstration gegen Diktator Batista totgeprügelt hatten. Castro ging zur Mutter des Toten und sagte, die Polizisten müssten zur Verantwortung gezogen werden. Die Alte schüttelte den Kopf, sie habe kein Geld. „Ich bin dein Anwalt“, sagte er zu ihr, „du musst gar nichts bezahlen.“ So war Fidel, und so ist er noch heute. Ich hab damals Kinder fotografiert, die als Schuhputzer schufteten statt zur Schule zu gehen, und Bauern, die für Plantagenherren Zuckerrohr schnitten und kein Dach über dem Kopf hatten. Ich wurde deshalb von Batistas Leuten mehrmals verhaftet. Aber ich kennzeichnete meine Fotos mit einem falschen Namen, Saul Varelas, und machte weiter.

**Korda:** Das Elend der Diktatur hat Fidel wie auch uns geprägt. Das vergisst man nie. Meine Eltern wurden zweimal vor die Tür gesetzt, weil sie die Miete nicht zahlen konnten.

**Corrales:** Wir bewohnten in den vierziger Jahren zu siebt ein Zimmer, eine Armut, die heute für mich nicht mehr vorstellbar ist.

**Korda:** Ich hatte in den Fünfzigern mein eigenes Model-Studio, gegenüber vom „Hotel Capri“, in dem die Mafia residierte. Damals hieß ich noch Alberto Díaz. Ich nannte es „Studio Korda“, weil das so ähnlich klang wie Kodak, und bald nannten mich alle Leute Korda. In Vedado lagen alle Modeagenturen. Die schickten ihre Mädchen zu mir. Ich war der erste Fotograf, der Models nicht wie eine Flasche „Havanna Club“ ins Kunstlicht, sondern ins warme Sonnenlicht stellte, das am Nachmittag durchs Fenster strömte. Und hatte damit Erfolg. Es war ein schönes Leben. Ich hatte immer eine attraktive Frau an meiner Seite, Geld, einen Porsche, ging ins Cabaret und zu Cocktailpartys.

**Corrales:** Du warst ja auch seit je ein bisschen plemplem, was Frauen angeht.

**Salas:** Du warst und bist ein Playboy.

**Korda:** Ich liebe die Frauen. Ganz einfach. Die schönste von allen war Norka, die Unvergleichliche. Sie war perfekt! Ich hab sie entdeckt, aufgebaut und geheiratet.

**Corrales:** Da war sie vierzehn. Ein Kind!

**Korda:** Doch was für ein schönes Kind! Die Pariser waren verrückt nach ihr, als sie für Dior über den Laufsteg schwebte. Selbst in der Uniform des Frauenbataillons machte sie eine gute

Castro rief sie, und sie kamen. 1959 kehrten Roberto Salas und sein Vater Osvaldo aus New York nach Kuba zurück, um im Dienst der Revolution zu fotografieren. Der Vater arbeitete ausschließlich im Querformat, liebte Porträts. Der Sohn verlegte sich auf das Hochformat und entwickelte eine etwas distanzierte, aber gerade durch die Distanz mit viel Spannung aufgeladene Reportagefotografie

Figur. Und sie gefiel auch Castro. Ja, grinst nur! Im Übrigen habe ich damals nicht bloß die Glitzerwelt der schönen Frauen fotografiert. Ihr kennt meine Fotos aus den fünfziger Jahren. Die Mutter, die mit ihren beiden Kindern auf Zeitungen im Hauseingang schläft. Oder das Mädchen in zerschlissenen Kleidern, das in die Auslage eines Juweliers starrt. Das war die Ära dieses mafiosen Batista.

**Salas:** Mein Vater und ich waren zwar völlig unpolitisch. Aber wir konnten gut von böse unterscheiden. Wir wussten, Batista lässt Menschen ermorden.

**Korda:** 20 000 Kubaner ließ er umbringen!

**Salas:** Batista war kriminell. Deshalb unterstützten wir Fidel. Wir waren Mitglieder der „Bewegung 26. Juli", das Datum von Castros Angriff auf die Moncada-Kaserne 1953. Wir sammelten Geld und beteiligten uns in New York an Demonstrationen. Einmal hängten wir die Flagge unserer Bewegung oben aus der Freiheitsstatue. Ich fotografierte die Aktion und versteckte den Film in meinem Schuh, als Polizisten auftauchten. Ich war 16 und schiss mir fast in die Hose vor Angst. Doch es lohnte sich: Das Foto erschien als Titel der *New York Times*, wurde in der *Times* und in *Life* veröffentlicht. Vielleicht das wichtigste Foto für die Revolution, das außerhalb Kubas aufgenommen wurde.

**Korda:** Wir versteckten Untergrundkämpfer in unserem Studio, schmierten lateinamerikanische Diplomaten, um Verfolgten aus dem Land zu helfen, sammelten Geld für die Guerilleros in den Bergen, kauften Medikamente und ließen Flugblätter drucken. Ich führte zwar das Leben eines Playboys, hatte aber ständig Angst, dass uns Batistas Greifer abholen würden.

**Corrales:** Ich wäre Mitte der fünfziger Jahre gerne in die Sierra Maestra gegangen, zu Castro und den anderen Rebellen. Aber mein Chefredakteur fragte mich: „Wozu? Das können wir ohnehin nicht veröffentlichen." Damals gab es eine scharfe Zensur.

**Merian:** Die gibt es auch heute.

**Corrales:** Heute gehören alle Zeitungen der Revolution! Jawohl! Die Presse ist die Revolution! Wir haben mit den Vereinigten Staaten einen mächtigen und gefährlichen Nachbarn. Wer für die Revolution ist, bekommt Platz in der Zeitung, wer dagegen ist, kommt weg.

Sein Foto von Che Guevara machte ihn weltberühmt – reich machte es ihn nicht. 1967 bat der italienische Verleger und Sozialist Feltrinelli **Alberto Korda** um einen Abzug – und vermarktete ihn mit großem Erfolg. Von dem ersten Moment an begleitete Korda Castro und Che Guevara mit der Kamera. Seine Bilder prägten das Bild der Revolution und damit auch die Revolution und die Revolutionäre selbst

**Salas:** Als Batista weg war, bin ich sofort von New York nach Havanna geflogen. Ich traf Fidel im Fernsehstudio, und er fragte mich nach meinem Vater. „Der soll kommen, sag ihm, wir brauchen ihn. Das hier soll er miterleben." Mein Vater kam. Und blieb bis zu seinem Tod.

**Corrales:** Meine Fotos kannte Fidel aus der Zeitung. Im Haus seiner Gefährtin Celia Sánchez fragte er mich, ob ich für die Revolution arbeiten wolle – für die Hälfte meines bisherigen Lohns. Ich wollte. Die nächsten drei Jahre war ich an seiner Seite. Fotografierte die Alphabetisierungskampagne, den Kampf gegen die Amerikaner in der Schweinebucht, die Landreform. Eine phantastische Zeit!

**Merian:** In der Sie viel zu sehen bekamen.

**Salas:** Wir reisten mit Fidel um die Welt. Es war ein romantisches Abenteuer. Unsere Fotos erschienen in *Revolución*, vor 1959 ein illegales Flugblatt, danach eine wichtige Tageszeitung. *Revolución* stellte uns regelmäßig Doppelseiten zur Verfügung. Eine typische Titelseite bestand aus einer fetten, dreizeiligen Überschrift und einem großflächigen Fotoplakat.

**Korda:** Wir wurden richtig groß gedruckt. Und unser Leben war ja auch spektakulär. Die Reise nach Venezuela, wo Castro sich mit Präsident Betancourt traf, um über eine Revolution in der Dominikanischen Republik zu reden, die Reise in die Sowjetunion. Ich hab Castros Sturz beim Skifahren in Russland auf meinen Negativen. Jean-Paul Sartre und Simone de Beauvoir im Gespräch mit Che Guevara. Fidel und Che beim Wett-Angeln mit Hemingway. Nikita Chruschtschow, Pablo Neruda und, ja sogar Richard Avedon traf ich in New York, den Gott der Modefotografie. Ich bat dich, Corrales, ein Foto von Avedon und mir zu machen. Aber du hattest gerade deine erste Kleinbildkamera gekauft und konntest damit nicht umgehen. Alle Fotos total unscharf!

**Corrales** (knurrt): Wen kümmert Avedon. Die Jahre an Fidels Seite, Tag und Nacht, dafür bin ich auf die Welt gekommen. Dafür hat es sich gelohnt. Ich hab ihn bei der Invasion in der Schweinebucht erlebt. Er stand ganz vorn in der ersten Reihe, ohne eine Spur von Angst.

**Salas:** Da hast du gute Bilder gemacht, dein stärkstes jedoch ist für mich der Protestritt gegen die „United Fruit Company". Ein Revolutionärstrupp, der hoch zu Ross gegen den größten Ausbeuter der Insel zu Felde zieht. Das hat was von Französischer Revolution.

**Corrales:** Und Fidel vorneweg mit Sonnenbrille, Zigarre und kubanischer Flagge.

**Korda:** Jeden Tag passierte etwas. Und wir waren dabei. Dokumentierten die Geschichte einer Revolution.

**Merian:** Wie steht es heute mit dem Fotografen-Nachwuchs?

**Salas:** Es gibt gute junge Fotografen, aber sie haben es schwer. Sie können sich nicht beweisen. Es gibt bei uns ja nur zwei, drei Zeitungen, Druck und Papier sind schlecht.

**Merian:** Das klingt nach Systemkritik.

**Salas:** *Dios mio,* nein. Fidel Castro hat alles gegeben und konnte nie zeigen, was er wirklich drauf hat. Die Amis sollen ihn doch einfach mal in Ruhe lassen. Jedes Mal, wenn ein bisschen Normalität einkehrt, verschärfen sie das Embargo und werfen ihm Knüppel zwischen die Beine. Immer hat Fidel alles gegeben. Und jetzt ist er alt.

**Corrales:** Aber noch lange nicht am Ende.

**Korda:** Fidel tot, das wäre mein letztes Foto.

**Uschi Entenmann,** *Autorin der Agentur* Zeitenspiegel, *und* **Gesa Engelschall,** *Stellvertretende Chefredakteurin von* MERIAN, *moderierten dieses Gespräch.*

spezial
MUSIK
NR. 2/2000 · 14,80 DM
www.stern.de/musik
MIT CD
SERGEJ NAKARIAKOV
DER PAGANINI
DER TROMPETE
NORMAN
Porträt einer Diva
SAMBA
Die heißen Nächte von Rio
MUSIKSTADT
NEW YORK
METROPOLITAN OPERA
MUSICALS • KONZERTE • JAZZ
APOLLO • CLUBSZENE
Amadeo
jetzt als stern spezial Musik
SERGEJ NAKARIAKOV
Virtuose Trompete. Meisterstücke und Arrangements. Werke von Bach, Mendelssohn Bartholdy, Haydn, Hoffmeister, Hummel, Paganini, Rimski-Korsakow, Saint-Saëns, Sarasate und anderen
STERN SPEZIAL MUSIK
Edition
Der Stern bewegt.

200 km trennen Kuba vom amerikanischen Festland – im Kalten Krieg eine unendlich breite Kluft. Seit sich die Beziehungen zwischen den USA und dem Erzfeind vor ihrer Küste ein wenig entspannen, ist die Entfernung geschrumpft: Exilkubaner können heute ganz legal und auf direktem Weg ihre Familien besuchen. Doch oft macht das Wiedersehen erst schmerzlich die wahre Distanz bewusst

VON MARC PITZKE

# Flug 250 Richtung Havanna

Brummend schraubt sich das Propellerflugzeug in den Himmel über Miami. Die Beechcraft 1900 der US-Chartergesellschaft „Gulfstream" ist mit 18 Passagieren voll besetzt. Ehepaare, junge Mütter mit Kindern, Senioren in Strohhüten, Geschäftsleute. Die meisten kommen aus Miami, ein paar aus Fort Lauderdale, West Palm Beach, Tampa, New York. Fast alle sind Exilkubaner.

Stumm in seinen Sitz gepresst blickt Manuel Romero * (50), genannt Manolo, hinunter auf die Florida Straits. 20 Jahre ist es her, da hat er diese haiverseuchte Wasserstraße zwischen den USA und Kuba zum ersten Mal überquert – in entgegengesetzter Richtung: halb verhungert und verdurstet, mit einem Dutzend anderer Flüchtlinge in einen morschen, lecken Kahn gepfercht. Damals war dieses Meer die Gefängnismauer seines Lebens – und seine letzte Hoffnung. Und nun alles so einfach, so banal. „Genießen Sie den Flug", raspelt der Pilot durchs Mikrofon.

Flug 250, Richtung Havanna. Nur eineinhalb Stunden dauert die Reise. Für die Überfahrt 1980 hatte Manolo noch vier Tage gebraucht. Er war einer von mehr als 125000 Kubanern, die Fidel Castro in jenem Jahr als diplomatische Daumenschraube gegen die USA freigab, in einem eiskalt inszenierten Massenexodus, der sich über fünf dramatische Sommermonate hinzog und seither unter dem Namen des kleinen Hafens bekannt ist, von dem die Flotte des Elends in See stach: Mariel. Wer Kuba verlassen durfte, entschied der Zufall. Manolo wurde eines Morgens zu Hause abgeholt und kommentarlos nach Mariel gebracht. Die Eltern, die Schwester und deren zwei Babys mussten bleiben.

17 Jahre lang sah er sie nicht. Als die Eltern starben, durfte Manolo nicht zur Beerdigung kommen. Erst 1997 gewährte ihm Kuba ein Besuchsvisum. Seitdem ist er schon zweimal wieder nach Havanna gereist – über den Umweg Mexiko oder Kanada, an den US-Gesetzen vorbei.

Und jetzt der Direktflug aus Miami. Schon kündigt der Pilot die Landung an. Das Reden an Bord verstummt; Manolo streicht sich nervös übers Hemd und dann ein paar feuchte Strähnen aus der faltigen Stirn. Quietschend hüpft die Maschine über die Landebahn. Fußmarsch übers sengende Rollfeld, dann eine letzte Hürde: die riesige, doch so gespenstisch leere Zollhalle des Flughafens José Martí, in der grimmige Soldaten jeden Pass, jedes Visum, jede Tasche im Zeitlupentempo inspizieren. Erst danach springt die graue Stahltür zur verlorenen Vergangenheit auf. Manolo holt einmal tief Atem und tritt hindurch.

Jedes Jahr verlassen bis zu 20000 Kubaner ihr Land, meist in lebensgefährlichen Passagen übers Meer, um Asyl in den USA zu beantragen. Allein 1999 kehrten über 80000 zu Familienbesuchen zurück, 30000 mehr als im Vorjahr. Möglich wurde das durch eine Öffnung Washingtons gegenüber dem letzten Erzfeind, von der die Öffentlichkeit bisher wenig mitbekommen hat: diskrete Wirtschaftsdeals zwischen beiden Ländern, bilaterale Polit-Visiten unter Ausschluss der Medien, humanitäre Sonderabkommen. Und gelockerte US-Reisegesetze.

Das Tauwetter ist ein Zugeständnis an weltpolitische Realitäten. Denn vor allem seit dem Papst-Besuch 1998 setzt sich auch in den USA die Einsicht durch, dass das Armdrücken mit Kuba nur noch ein Relikt des 20. Jahrhunderts ist: wirtschaftlich kontraproduktiv, global-strategisch inopportun und – für US-Politiker immer die wichtigste Maßgabe – innenpolitisch kaum mehr vertretbar. Zwei Drittel der Amerikaner halten eine harte Linie gegen Kuba längst für „unangemessen"; selbst in der Exil-Hochburg Florida kippen die Umfragen.

Und so erlaubt Washington denn, nach Jahrzehnten der Blockade, den direkten Postweg, Überweisungen von 1200 Dollar pro Jahr und Person und einen Kuba-Trip pro

*Alle Namen von der Redaktion geändert

**Abschied: Jedes Jahr wagen tausende Kubaner auf Booten und Flößen die Flucht nach Florida. Manche kommen nie an**

Foto: Sven Creutzmann

Jahr. Und zwar per Direktflug von New York, Los Angeles und eben täglich von Miami, mit 800 000 Exilkubanern die Hauptstadt der Diaspora. Miami International Airport vermeldete letztes Jahr einen Rekord: 66 882 Fluggäste auf der Havanna-Route. Die Kluft, die Generationen zerrissen, Familien zerstört und Abertausende das Leben gekostet hat – ihre Überwindung kostet jetzt nur noch 299 Dollar.

Den wenigen Urlaubstagen im Jahr, an denen die Splitterfamilien wieder zusammenkommen, fiebern beide Seiten entgegen – und doch sind es qualvolle Tage. Alte Wunden reißen auf. Die Entfremdung zwischen den so unterschiedlichen Welten wird schmerzhaft bewusst. Constanza Romero (57) lehnt in einem Schaukelstuhl in ihrer Wohnstube in La Habana Vieja, Havannas Altstadt. Der Ventilator unter der Decke surrt leise. Trotzdem tupft sich Constanza alle paar Sekunden mit einem Spitzentaschentuch den Schweiß von der Stirn. Neben Constanza sitzen ihr Bruder Manolo sowie, im Halbkreis um den Nierentisch, ihre Töchter Reina (25) und María (17) und Reinas Verlobter Juan (27). Sie alle haben, in einen kleinen Lada gequetscht, Manolo am Flughafen abgeholt. Constanza hat ihren berühmten Fruchtpunsch zubereitet. Reina und Juan, beide Angestellte eines Architekturbüros in Havanna, haben Urlaub genommen für den Besuch. „Es ist ein großes Ereignis", sagt Reina, eine bildhübsche Frau mit glänzenden, schwarzen Locken. „Manolo ist unsere Vaterfigur." Denn obwohl sie bei seiner Flucht noch ein Kind war, fühlt sie sich dem Onkel im Exil näher als dem eigenen Vater. Der lebt inzwischen von Frau und Kindern getrennt – ein glühender Sozialist, der die Ausreise des Schwagers als Verrat verabscheut und sich weigert, ihn zu sehen; diesen *gusano*, wie er ihn nennt, diesen Wurm.

Auf Constanzas Schoß ruht ein Schuhkarton voller Mitbringsel. Ein Paar Ledersandalen, ein Set Bettlaken, zwei Tuben Zahnpasta, Muskelsalbe, drei Gläschen Wick-Vaporub, Seife, ein Deo-Stift, Vitamin-C-Tabletten. Jedes Geschenk wird im Familienkreis herumgereicht.

Manolo, der spendable Gast, beobachtet das Ritual mit leicht gerötetem Kopf. Die Rolle des reichen Onkels aus Amerika widerstrebt ihm sichtlich. „Nein, nein, ich bin nicht wohlhabend", beharrt er. Sein Protest ist vergeblich; das Leben in den USA birgt endlose Faszination für die Verwandten, die ihn mit tausend Fragen bestürmen: Hat er viele reiche Freunde? Hat er ein neues Auto? Fährt er oft in Urlaub? Natürlich waren sie noch nie in Miami, können es sich aber gut vorstellen: die eleganten Hotels, die chromglänzenden Autos, die bunten Neonreklamen, all die *beautiful people*. Auf der Anrichte in Constanzas Wohnzimmer steht ein gerahmtes Foto, das Manolo am Strand von Miami Beach zeigt, in gigantischen Badeshorts, zwei Bikini-Schönheiten untergehakt.

Am liebsten spricht Manolo vom „New Barber Shop", seinem Salon, mit dem er sich mühsam eine neue Existenz aufgebaut hat an der Calle Ocho in Little Havana, dem kubanischen Viertel Miamis: ein winziges Ladenlokal voller antiquierter Friseur-Utensilien und Kuba-Souvenirs. An der Wand alte Familienschnappschüsse, Fotos kubanischer Box- und Baseball-Stars, Porträts von John F. und Jackie Kennedy und zwei signierte Poster von Bill und Hillary Clinton. Nicht alle Exilkubaner sind Republikaner.

Wohlhabend, nein. Doch der Salon bringt genug Geld, um den auf Kuba herrschenden Mangel für die Familie zu mildern. Vor allem die Vitamin-C-Tabletten werden sehnlichst erwartet: Constanza ruft gleich eine kranke Nachbarin an, die den Sohn schickt, um ihren Anteil der Pillen zu holen. Der Knirps tritt mit verhaltenen Schritten in die Runde. Er schaut Manolo an, seine Levis-Jeans und Nike-Turnschuhe, und sagt in gebrochenem Englisch: „Hello, mister."

**Letzte Gefechte: Im Kampf um den Flüchtlingsjungen Elián González machten Miamis konservative Exilanten noch einmal viel Lärm. Umsonst**

Kaum eine kubanische Familie, die nicht auf Unterstützung aus dem Exil angewiesen ist. In einer maroden Doppelwirtschaft, in der nur noch der Dollar zählt, sind die Angehörigen und Freunde in den USA für die Mehrheit der Kubaner die einzige Möglichkeit, an „Luxusgüter" wie Jeans, T-Shirts, Turnschuhe, Walkmans oder Stereoanlagen heranzukommen.Gemessen am Durchschnitt geht es den Romeros nicht schlecht. Die Wohnung, in der Constanza mit der jüngeren Tochter María wohnt, ist verhältnismäßig geräumig: Schlafzimmer, Küche, Esszimmer, Bad, Wohnzimmer. Und doch ist die Familie, und das nicht nur aus Manolos Sicht, bettelarm. Constanza arbeitete bis vor kurzem als Geschichtslehrerin, wurde aber wegen Bluthochdrucks frühpensioniert und muss sich und María, die noch zur Schule geht, jetzt von einer Rente in Pesos durchbringen, deren Summe sie sich zu nennen schämt. Reina und Juan verdienen im Monat je 300 Pesos, das entspricht 15 Dollar. Doppelt so viel wie der Durchschnittslohn der Kubaner – doch allein eine Flasche Bratöl kostet 2,14 Dollar. Die Devisen der Exilanten sind da unverzichtbar. Höchstens 195 Dollar pro Tag dürfen Kuba-Besucher ins Land bringen. Geprüft wird das bei der Einreise zwar selten, der Devisenfluss kommt Castro ja zupass. Trotzdem war Manolo dem Herzinfarkt nah, als er noch 300 Dollar mehr in Socken durch den Zoll schmuggelte. Constanza legt die Banknoten in die Familienkasse, ein Holzkästchen, das sie unterm Bett versteckt. Die Hälfte geht an Großonkel Javier (73), er spart für eine Reise nach Chicago, wo sein bester Freund seit der Ausreise lebt. Der Rest wird zur Lebenshaltung aufgeteilt: Milch, Medizin, Toilettenpapier. Das muss bis zu Manolos nächstem Besuch reichen.

Die Romeros versammeln sich im Esszimmer. Constanza hat ein Huhn gebraten. Dazu gibt es Reis und Bohnen, süße Kartoffeln, grünen Salat und Pfefferminzlikör. Ein richtiges Festmahl. Auf dem Tisch brennen zwei Kerzen, aus einem alten Cassettenrecorder leiert das jüngste Hitparaden-Programm einer US-Radiostation, das Manolo in Miami aufgenommen hat. Großonkel Javier gesellt sich zur Runde: ein stolzer Greis mit ledriger Haut, der beim Essen den Hut aufbehält und seinen amerikanischen Neffen über den Tisch hinweg schweigend mustert.

Der Wiedersehensjubel hat sich gelegt, der Austausch von Familienneuigkeiten ist erschöpft. Jetzt reden sie über Politik. Über das US-Embargo, das Juan maßgeblich für die Wirtschaftsmisere Kubas verantwortlich macht. Über den Nachbarn, der eines Tages regimekritische Flugblätter verteilte und seitdem spurlos verschwunden ist. Und über den Fall des Flüchtlingsjungen Elián González, jenem unfreiwilligen Siegessymbol Castros, dessen Schicksal zwischen den Fronten der Diplomatie sie über Monate beschäftigt hat – Monate, da pflichtet Manolo bei, in denen die konservative Exilgemeinde Miamis in ihrem messianischem Eifer „das Gesicht verloren" hat. „Denen ging es nicht um den Jungen", sagt er, „nur um ihren eigenen Nutzen." In Miami hat er sich mit dieser Meinung so manchen Feind gemacht.

Und dann, unvermeidbar, die Frage, die allen am Tisch im Kopf herumspukt: Wie lange wird, kann, darf das alles noch so weitergehen? Für die Romeros ist die Frage gerade jetzt brisant. Reina und Juan haben nämlich eine Dienstreise nach Spanien in Aussicht gestellt bekommen. Kürzlich nutzte ein Kollege eine solche Reise, um sich abzusetzen; seine Frau und die drei Kinder ließ er in Kuba zurück. In einem hektischen Anruf aus einer Telefonzelle irgendwo in den USA versprach er, sie eines Tages nachzuholen. Ist die eigene Freiheit diesen Trennungsschmerz wert – und das politische Risiko für die Zurückbleibenden?

Am liebsten, sagt Manolo leise, als könne ihm jemand durchs Fenster zuhören, würde er natürlich die gesamte Familie in die USA bringen. Doch das ist unmöglich. Constanza, die ungern über Politik redet, fühlt sich sowieso zu alt für einen neuen Anfang. Sie scheint sich mit ihrem Schicksal längst arrangiert zu haben. „Estamos unidos", sagt Juan bestimmt. „Wir halten zusammen." Nein, ein Sozialist ist er zwar nicht; er kann es kaum abwarten, dass Castro weg vom Fenster ist. Doch so einfach fortrennen? „Seht euch doch die Vorzüge unseres Landes an. Das Schulsystem. Die Sicherheit. Wir können uns nachts ohne Angst auf die Straße wagen." Er redet immer schneller, hitziger, als wolle er sich selbst überzeugen. „Wer Kuba heutzutage verlässt, hat doch nur sein eigenes materialistisches Interesse im Sinn. Der ist zu feige, einen politischen Wandel von innen heraus anzustreben. Wollen wir wirklich so einfach aufgeben?" Beklommene Stille. Reina senkt den Blick. „Fruchtpunsch?", fragt Constanza.

Nicht nur in Kuba scheiden sich die Geister über die Marschrichtung. Auch die Exilgemeinde in Miami ist zerrissen. Seit dem Tod des charismatischen Exilantenführers Jorge Mas Canosa Ende 1997 findet sich die alte, konservative, ideologisch verkrustete Anti-Castro-Garde in den USA zunehmend in der Defensive. Ihre Mitglieder, meist

Foto: action press/SABA

wie Manolo mit den ersten Flüchtlingswellen ins Land gekommen, sträuben sich zwar mit letzter Kraft gegen jede Öffnung und Zusammenarbeit. Ihr letztes Aufbäumen war der Kampf um Elián González. Doch vorbei die Zeiten, da jeder Mucks von ihnen als Donnerhall in Washington ankam. Die Betonköpfe altern physisch wie politisch; ihren Platz nimmt eine junge, geschäftsbewusste und vor allem zunehmend links-progressiv denkende Exil-Generation ein, die ihren Frieden mit der Vergangenheit geschlossen hat. So träumen nur noch 25 Prozent der Exilanten im Bezirk Dade, dessen Hauptstadt Miami ist, von der Rückkehr. Solche Zahlen dürften viele zurückgebliebene Kubaner aufatmen lassen, fürchteten sie doch bisher für die Zeit nach der Wende eine Flut neureicher Heimkehrer. Nein, im Gegensatz zu den Eltern, die ihr Leben in den USA nur als Übergangszustand sahen und Havanna stets verklärt im Blick behielten, betrachtet die jüngste Exilgeneration die Vereinigten Staaten als einzige Heimat. „Kubas nächster Staatschef", sagt Elena Freyre, Direktorin der liberalen Exilgruppe Cuban Committee for Democracy (CCD), die zunehmend an Einfluss gewinnt, „wird aus Kuba kommen, nicht aus Miami." Die Rückeroberung der Insel aus dem Exil ist nur noch die melancholische Illusion von Senioren.

Stunden später hockt Reina neben Manolo auf der Ufermauer des Malecón. Wie jeden Abend bevölkern Hunderte die Hafenmeile. „Ich liebe Havanna zur Dämmerung", seufzt Reina. „Der Schmutz verblasst." Und dann öffnet sie dem Onkel aus Amerika ihr Herz. Sie liebe Juan – doch wie kann er nur Kuba verteidigen? Ein Land ohne freie Meinungsäußerung! Ohne Reisefreiheit! Wo ihre Freundinnen sich nur mit Prostitution über Wasser halten! Doch weggehen hieße, ihr Leben aufgeben, die Mutter, die Schwester, die Freunde, Juan zurücklassen.

Manolo kann ihr keinen Rat geben. Seine Generation hat das Land aus politischen Gründen verlassen; der Nichte, deren Generation diese Gründe nicht mehr genügen, steht er hilflos gegenüber. „Die Zeit", sagt er müde, „wird es richten."

Langsam schraubt sich das Propellerflugzeug in den Himmel über Havanna. Manolo blickt hinunter auf die Küstenlinie Kubas, die im Dunst verschwindet. Als die Beechcraft das offene Meer erreicht, setzt er den Kopfhörer seines Walkmans auf. Reina hat ihm eine Cassette mitgegeben. „Hör sie dir an", hat sie gesagt. „Dann weißt du, was ich denke." Es sind die Balladen von Carlos Varela. Eine davon – Reinas Lieblingslied – trägt den Titel „Familienfoto":

Hinter den Lügen und dem Verrat
Hinter all der Distanz
Hinter all der Trennung
Steckt ein Familienbild
Ein Bild von uns beiden
Bei dem wir am Ende alle weinen.
Hinter all denen, die fortgingen
Hinter all denen, die nicht mehr hier sind
Steckt ein Familienbild
Bei dem wir am Ende alle weinen.

**Marc Pitzke** *ist Amerika-Korrespondent der* WOCHE. *Er lebt in New York und Miami Beach.*

# Stationen der

Auf dem Weg von Cueto nach Marcané. Morgens fährt der Zug in die eine Richtung, abends zurück. Und manchmal fährt er gar nicht

# Sehnsucht

**Ein Mann fährt über die Dörfer zu seiner Geliebten – davon erzählt Compay Segundos Lied Chan Chan. Wer ihm folgt, macht eine Reise in den ostkubanischen Provinzalltag**

**Text: Barbara Baumgartner, Angelika Dietrich Fotos: Jordis Schlösser**

Ein Bauer pflügt sein Feld bei Mayarí. Der Sohn turnt auf dem Gerüst, wo nach der Tabakernte die Blätter zum Trocknen hängen

Der Himmel, die Palmen, ein Ochsengespann – und Stille. Die Strandhotels sind 50 Kilometer weit weg in einer anderen Welt

Morgen in Mayarí. Der Ort liegt an einem Fluss, daher die fette Beute des Anglers

Der Alltag malt Bilder, schön wie das unerwartete Zusammentreffen von Fisch, Hund und Fahrradfahrer auf dem Hauptplatz einer Kleinstadt

Welches Jahr schreiben wir? Ein 1946er Ford an der Ortseinfahrt von Mayarí

Über den verlorensten Provinzorten liegt eine Nostalgie, die Fremde verzaubert. Wie hart das Leben hier ist, härter noch als in der Stadt, wird von ihnen leicht übersehen

Zwischen Cueto und Mayarí. Vater und Tochter sind auf dem Weg zu einem Fest, wo auch die Gitarre nicht fehlen darf

Ein Hahn und sein Besitzer in Cueto. Stolz sind sie beide

**D**er Zug wird kommen. Er ist am Morgen in den Süden gefahren, also fährt er abends wieder zurück. „Glaub mir", sagt ein Mann auf dem Bahnsteig, „ich war früher Schaffner". Ein seit Stunden überfälliger Zug ist in Kuba kein Grund für Ungeduld.

*De Alto Cedro voy para Marcané*
*luego a Cueto voy para Mayarí*
*Von Alto Cedro fahr ich nach Marcané*
*dann von Cueto weiter nach Mayarí*

Alto Cedro ist ein Halt an der Zuglinie Santiago – Antilla. Das Dorf ist winzig, nicht viel mehr als zwei Zeilen ebenerdiger Häuser hinter Palmen und Bananenstauden. Einen richtigen Bahnhof hat es nicht; eine betonierte Plattform mit ein paar Bänken – das ist die Station. Zwischen den Gleisen grasen Ziegen. Von einem Haus gegenüber leuchtet ein verlockendes Wandbild: drei mal drei Eiskugeln auf der Waffel, arrangiert zu einem Fächer; daneben steht in geschwungenen Lettern „El Frozzen". Doch es gibt kein Eis hier, obwohl hinter dem Tresen ein neu aussehender Softeis-Automat glänzt, nur Zigaretten und billigen Rum und die Möglichkeit, sich unter dem Vordach auf ein kleines Podest zu setzen und sich die Schuhe polieren zu lassen.

Der Nachmittag ist fast vorbei. Ein Junge kommt zu einer Gruppe Mädchen gelaufen, hält ihnen ein paar hellbraune Lederschuhe hin: „Wer hat kleine Füße? 25 Pesos, und ich gebe sie her." Aber die Füße der Mädchen sind zu groß.

„Ein Bonbon?" Der Eisenbahnpensionär holt ein Stück Zeitungspapier aus seiner Hosentasche, darin weiche, braune, klebrige Kugeln. „Aus Zuckerrohr." Sie schmecken sandig-süß. Warum wir in Alto Cedro seien? Compay Segundos „Chan Chan" – wir sind neugierig auf die Dörfer, die in dem Lied vorkommen. Das gefällt ihm, er strahlt.

Wenn morgens die Lagerhäuser öffnen, füllen sich in Cueto die Straßen

In Alto Cedro ist beim Überqueren der Gleise kaum Vorsicht nötig

Hinter Mayarí leuchtet Frühnebel über der Landschaft in der aufgehenden Sonne

„Hay más tiempo que vida“, lautet eine Redensart auf Kuba: Es gibt mehr Zeit als Leben. Zeit im Überfluss! Und immer Gesellschaft, um sie sich angenehm zu vertreiben

Zum Haareschneiden kann man in den Friseursalon von Alto Cedro natürlich auch kommen

Der Fluss Mayarí ist eine Lebensader der Region.

Ein Bauer verkauft Gemüse in Cueto. Erlaubt sind die freien Märkte erst seit 1994

Im Mayarí wird gern gebadet. Auch wenn Lastwagen in ihm gewaschen werden

„Compay! Ich hab ihn hier auf dem Bahnsteig sitzen sehen, mit seiner Gitarre. Er war auf dem Weg nach Mayarí."

Das muss vor dem Ruhm gewesen sein, der mit einer Platte und einem Film über ein paar alte kubanische Musiker kam und ihnen die Konzertsäle der Welt öffnete und die Herzen unzähliger Menschen. Seitdem warten die alten Herren des Buena Vista Social Club in Airline-Lobbys und nicht mehr auf Provinzbahnhöfen. Und seitdem klingen auch die Namen der vier kleinen ostkubanischen Orte Alto Cedro, Marcané, Cueto und Mayarí so vertraut, durch die ein Mann namens Chan Chan zu seiner Geliebten Juanita fährt.

*Meine Liebe zu dir*
*kann ich nicht leugnen*
*der Mund wird mir wässrig*
*ich kann nichts dafür*

„Compay hatte Familie in Mayarí", sagt der Mann mit den Bonbons, „deshalb schrieb er ein Lied über die Fahrt dorthin." Aber handelt Chan Chan nicht vom Verliebtsein? „Ja, ein Mädchen hatte er dort auch. Familie und ein Mädchen."

Ein junges Mädchen im engen, hellgrünen Kleid quert die Gleise, in der Hand hat sie ein Fläschchen. Giselle, die Ärztin. Gerade 24 ist sie. Ihre Lippen sind rosa geschminkt, die Augen mit blauem Kajal umrandet – das Make-up der Mädchen aus dem Süden. In Plateauschuhen läuft die hübsche Schwarzhaarige über die Lehmstraße zurück ins *consultorio*, das Arzthaus. In der kleinen Plastikschachtel an der Tür steckt ein Zettel: Jemand hat eine Nachricht hinterlassen.

700 Menschen betreut Giselle, meist kommen die Patienten wegen Erkältungen, Durchfall oder Schwangerschaft zu ihr. Stolz zeigt sie den Behandlungsraum: ein alter Gynäkologiestuhl, eine rostige Baby-Waage, auf einem Schränkchen zwei Pappschachteln – die Kartei der Schwangeren, alles säuberlich geordnet und blitzblank. Im hinteren Teil des Hauses die Wohnräume: Küche, Schlafzimmer, Wohn-

Porträt des Künstlers als schöner Mann: Maler Adrian aus Cueto

zimmer. Hier wohnt Giselle mit ihrem Mann Willmer, 26, auch er ist Arzt. Der zweijährige Sohn der beiden kam schon auf die Welt, als sie noch in der Provinzhauptstadt Holguín studierten. Zwei Jahre müssen sie nun auf dem Land praktizieren, wie jeder junge Arzt. „Man weiß von Anfang an, worauf man sich einzurichten hat", sagt Willmer, der in Jeans und mit nacktem Oberkörper in einem Korbstuhl sitzt.

Langsam wird es dämmrig, die Sonne geht unter, da endlich erheben sich die Wartenden am Bahnsteig: Der Zug kommt.

Unter Rucken und Schütteln fahren wir in die hereinbrechende Nacht. Erst ist noch ein Streifen Licht über den Feldern zu sehen, dann nur mehr die Mondsichel und Zuckerrohr, das sich wie ein Scherenschnitt von dem nachtblauen Himmel abhebt. Im Waggon ist es finster bis auf ein paar glühende Zigarettenspitzen und – für einen Moment – die Taschenlampen der zwei jungen Schaffner. Von uns wollen sie kein Geld: „Touristen bezahlen nicht."

Wenn Iwan an seiner Zigarette zieht, beleuchtet die Glut sein Gesicht, und seine drei silbernen Halskettchen schimmern. Ein- bis zweimal die Woche fährt der 21-Jährige morgens um sechs die vier Stunden von Antilla nach Santiago und abends wieder zurück. „Geschäfte", raunt er. Iwan schmuggelt Langusten, fangfrisch in Plastiktüten verpackt.

Dort oben in Antilla, wo er herkommt, lassen sich keine Geschäfte machen, sagt er – aber in Santiago, da sind die Touristen, da wollen die Besitzer der *paladares*, der kleinen Privatrestaurants, ihren Gästen das begehrte süße Fleisch bieten können. Die Schalentiere sind Dollars wert, von denen sich Iwan am liebsten Markenklamotten kauft: Nike, Adidas. „Für mich und meinen kleinen Bruder", sagt er, dann hält der Zug schon in Marcané.

Marcané, das ist „El Central". Der Schornstein der Zuckerfabrik überragt schnurgerade Reihen kleiner Häuser, die aussehen, als wäre die Fabrik der Grund ihrer Existenz. Inzwischen bringen die Touristen Kuba mehr Devisen als der Zucker, doch wer übers Land fährt, trifft allerorten auf Parolen, die den Ernteeinsatz zur patriotischen Tat aufblähen. In drei Tagen soll die *zafra* auf den Feldern um Marcané beginnen.

Vor der Arbeiterkantine steht, an sein Motorrad gelehnt, Ulysses. Er spricht Deutsch, von 1982 bis 1984 war er Schlosser in einem großen Betrieb in Ostberlin. Es gibt noch eine Ehefrau in Deutschland und einen 16-jährigen Sohn, dem er manchmal schreibt. Die Kollegen hat er als feindselig in Erinnerung, immer in Angst, er könne etwas mit ihren Mädchen anfangen. Starke Arme, goldbraune Haut, weiße Zähne – er wird seine Wirkung gehabt haben in Ostberlin.

Hautenge Hüllen sind auch in den Cafés von Cueto ganz groß in Mode

*Wenn Juanita und Chan Chan*
*gemeinsam am Strand Sand siebten*
*wie wackelte da ihr Hintern*
*und Chan Chan wurde erregt*

„Compay Segundo besang die vier Dörfer, weil eine wichtige Episode im Unabhängigkeitskrieg hier stattfand." Der stellvertretende Direktor von Marcanés Grundschule erklärt die Leidenschaft des Liedes im Sinne der Regierung. Unser Besuch scheint ihn nervös zu machen. Nein, zeigen wolle er uns die Schule nicht – „es kommen auch Leute mit schlechten Absichten. Sie machen Fotos und veröffentlichen sie mit abfälligen Bildunterschriften."

So sehen wir nur den Treppenaufgang. An der Wand steht der Text der Nationalhymne und davor in Stein José Martí, der große Dichter und Unabhängigkeitskämpfer: ein kleiner, schmaler Mann mit einem geschwungenen Schnurrbart, der ihm auf Bildern einen melancholischen Ausdruck verleiht.

In der Dorfbibliothek von Marcané füllen Martís Werke einen ganzen Schrank, daneben steht ein Regal mit Thomas Mann, Anna Seghers, Bertolt Brecht. Der zierlichen Frau hinter dem Tisch sagen die Namen nichts. Sie ist nur zur Aushilfe hier, eigentlich könne sie nicht arbeiten: eine Blutkrankheit. Sie heisst Marcela, ist 36, aber ihre Augen und ihr Lachen sind die eines jungen Mädchens. Für den Mittag lädt sie uns ein, in ihr Haus zu kommen.

Wir sind nicht die einzigen Besucher. In dem Wohnzimmer, wo der grüne Putz von den Wänden blättert und unter rohen Deckenbalken ein Kronleuchter aus trübem Glas hängt, sitzt schon ein hagerer älterer Mann im Schaukelstuhl. Er hat einen Schutzhelm der Fabrik auf, unter dem er noch schmaler wirkt. „Casán, ein Freund vom CDR", stellt Marcela vor.

Der Freund ist sogar CDR-Präsident. Stolz erklärt er die Organisation jener dichtgestreuten „Komitees zur Verteidigung der Revolution", durch die das Regime Augen und Ohren in jeder Gasse, jedem Block, jedem Haus der Insel haben will. Marcané ist in zehn Zonen eingeteilt, in jeder Zone gibt es vier CDRs, in jedem CDR vier Aktive. 160 Aufpasser für 5000 Einwohner. „Wir müssen die Konterrevolution verhindern", sagt das Männlein und sein Gebiss klappert. „Nicht alle in Kuba sind für die Revolution. Es gibt Grüppchen", er besinnt sich, „kleine Grüppchen, die dagegen sind." Was ist dem CDR verdächtig? *Radio Martí* zu hören, den Sender der Exilkubaner in Miami? „Nur, wenn es so laut ist, dass es auf die Straße dringt."

Wir fahren weiter nach Cueto.

*Räum die trockenen Zuckerrohrblätter*
*aus dem Weg*
*Damit ich zu dem Baumstumpf komme*
*Ich will mich setzen*

„Er war verliebt, deshalb sang Compay dieses Lied." Die Filmvorführerin lehnt im Türrahmen von Cuetos Kino . „Früher war das hier ein sehr lustiger, fröhlicher Ort, dann zogen alle weg." Einmal im Monat läuft ein Film, meist

# COSMOPOLITAN-LESERINNEN HABEN MEHR VOM LEBEN!

## Machen Sie Ihre Träume wahr!
## Jetzt in der neuen Cosmopolitan!

AB 19. OKTOBER 2000 AM KIOSK

www.cosmopolitan.de

EINE ZEITSCHRIFT DER **MARQUARD MEDIEN**

Gut gelaunt auf die Reise: ein Paar im Zug am Bahnhof von Cueto

ein amerikanischer Action-Streifen. „Sonst kommen die Leute nicht."

Neben dem Kino führt eine schmale Steintreppe nach oben, der junge Maler bereitet dort eine Ausstellung vor. Auf dem Boden sind seine Bilder ausgebreitet, immer wieder taucht Ché Guevara in ihnen auf, mal unten in der Ecke, mal oben am Rand. „Damit will ich sagen, dass du die Kunst kommerzialisieren musst – und auf Kuba heißt das, Ché zu malen." Aber Politik interessiere ihn nicht im Geringsten.

Adrian, wie kommen wir nach Mayarí? Der Zug fährt dort nicht hin. Wie wird Compay nach Mayarí gelangt sein? Zu seiner Liebsten, zu seiner Familie? Die Leute in Cueto haben viele Antworten: „Er hat den Laster genommen, bestimmt." Den Lastwagen mit den Bänken auf der Ladefläche, bestimmt trug auch damals einer sein Brot unter dem Arm, stillte eine Mutter ihr Kind. „Nein, er ist mit der Kutsche gefahren." Auf einem jener ruckelnden Pferdewagen mit dem Plastikbaldachin und den Laternen, deren Kerzen sie anzünden, wenn die Dämmerung hereinbricht. „Nein, er hat sicher einen Wagen genommen." Fuhr per Autostopp, wie es alle machen, die nicht auf einen Laster oder ein Pferdetaxi warten wollen. Bestimmt hielt der Wagen ein paar Mal an, ließ Schulkinder ein-, Frauen mit Einkaufsnetzen aussteigen. War es ein Chevrolet, ein Buick, ein Chrysler? Himmelblau, rostrot, türkis ?

Uns nimmt ein hellblauer Chevrolet mit nach Mayarí, die Windschutzscheibe hat einen Sprung, durch die Sitze kommen die Federn, die einzige Fensterkurbel wird bei Bedarf angesetzt, um die Scheiben hochzudrehen.

Mayarí ist ein großes Dorf, es gibt ein Krankenhaus hier, eine Kirche, zweigeschossige Häuser, eine Tankstelle mit angeschlossenem Dollarshop, einen Markt – mit einer Traube von Schwarzhändlern davor –, ein Motel.

An der Hauptstraße wohnt Antonio. Vor dem Ruhestand war er Chemie-Ingenieur und noch davor Guerillero. Im Wohnzimmer steht eine Fotografie aus der Zeit; sie sieht aus wie eines der berühmten Bilder vom Ché. „Aber es wurde früher aufgenommen." Er lacht, doch das täuscht nicht über den Stolz hinweg, denn Antonio hat die Revolution geliebt. „Die Guerilla, das ist Euphorie! Das kommt vom Herzen, dagegen haben die Soldaten einfach keine Chance. Aber natürlich waren wir verrückt: Wir haben Bomben gebastelt, ohne jede Ausbildung. Meinem Sohn würde ich das verbieten!"

Zwei Jahre kämpfte er in der Sierra, da war er Anfang zwanzig. In seiner Einheit hatte Raúl Castro das Kommando, Fidels jüngerer Bruder, der jetzt das ganze Heer befiehlt. „Witze hat der gerissen, was für Witze. Er war ein viel lustigerer Typ als Fidel."

Als die triumphierenden Revolutionäre am 1. Januar 1959 in Santiago einzogen, war Antonio nicht unter ihnen; krank musste er noch in den Bergen bleiben. Für ihn wird der Tag des Sieges immer jener 19. Dezember sein, an dem seine Truppe ein Dorf bei Santiago befreite: Die Menschen empfingen sie euphorisch, zupften ihn an Bart und Wangen. „Ein paar Tage lang waren wir von Umarmungen wie betäubt."

Antonio teilt das Haus mit seiner Ex-Frau, einer sanften Person, die es versteht, aus dem dürftigen Angebot des Marktes wunderbares Essen zu kochen: Rindfleisch in würziger Soße, Maisbrei, gedünstete Yukka. Die Frau bewohnt mit der Tochter die zwei Zimmer links vom Flur, Antonio und der Sohn leben rechts. Es scheint ein einträchtiges, von stiller Zuneigung getragenes Arrangement.

*Von Alto Cedro fahr ich nach Marcané dann von Cueto weiter nach Mayarí.*

Am anderen Morgen werden wir verhört. Der Immigrationsoffizier hat uns vorgeladen und noch einen Kollegen von der Staatssicherheit dazubestellt. Man hat ein Dossier über uns angefertigt, mit unverkennbarer Genugtuung deuten die Polizisten an, über jeden unserer Schritte in den letzten drei Tagen bestens unterrichtet zu sein. Was wir in diesen kleinen Dörfern wollten? Chan Chan, Company Segundo – die Erklärung reicht den Polizisten nicht.

An der Wand hängt ein Plakat des Touristenressorts Guardalavaca: Palmen, schneeweißer Sand, azurblaues Meer. Darauf zeigt der Offizier, da möchte er uns haben, warum sind wir nicht dorthin gefahren? Der Strand sei ein Traum. Der Kollege nickt. Dann beschwichtigen sie: Alles sei in Ordnung, solange wir Castro und die Revolution liebten. Wir versprechen, noch am Nachmittag nach Guardalavaca weiterzufahren. Der Polizist nennt uns Hotels.

Die Prozedur hat nicht lange gedauert, war auch nicht besonders bedrohlich – doch danach fallen uns wieder die vielen Situationen ein, wo Menschen auf der Straße andere Ansichten äußerten als hinter ihrer Haustür. Wir erinnern uns an das blanke Entsetzen im Gesicht des jungen Habaneros, als wir den Namen Castro eine Spur zu laut aussprachen: Da saßen wir mit ihm in einem kleinen Restaurant und in Hörweite aßen andere Kubaner.

Guardalavaca liegt 50 km entfernt in einer anderen Welt. In der Hotelbar lassen sonnensatte Touristen das Eis in ihren Cocktails schmelzen, auf der Bühne packen Musiker ihre Instrumente aus, bald erklingen die ersten Akkorde des Chan Chan. „De alto Cedro voy para Marcané ...". Alto Cedro. Marcané. Cueto und Mayarí. Hier sind die Namen nur melodische Silben.

**Barbara Baumgartner,** MERIAN-*Redakteurin, und* **Angelika Dietrich,** *freie Journalistin in München, haben den Inhalt dieses Heftes gemeinsam konzipiert und redaktionell betreut.*
**Jordis Schlösser,** *Fotografin in Berlin, ist Mitglied der* Agentur Ostkreuz.

WIR FÜHREN SIE ZU DEN EXKLUSIVEN PLÄTZEN.
HEUER & SACHS
Reserved
WEIN Gourmet
DIE BESTEN WEINGÜTER IN DEUTSCHLAND
NEU!
Mit Weinbewertung, Detail- und Übersichts-karten
WEIN Gourmet
DIE BESTEN WEINGÜTER DER NEUEN WELT
NEU!
Mit Weinbewertung, Detail- und Übersichtskarten Bezugsquellen
DER FEINSCHMECKER
Guide 2001
Hotels & Restaurants
NEU!
NEU! JETZT MIT 200 ADRESSEN JENSEITS DER GRENZE
Die 1800 besten Adressen in Deutschland
Service: Mit e-Mail und Internet
DER FEINSCHMECKER
Einkaufen
Die 1800 besten Läden und Produzenten in Deutschland
NEU! MEHR ALS 1800 ADRESSEN MIT E-MAIL UND INTERNET
Extra: Die 100 schönsten Wochenmärkte
Die 50 besten Asienshops
39,90 DM / 291,00 ÖS / 37,00 SFR
ISBN 3-7742-0773-9
39,90 DM / 291,00 ÖS / 37,00 SFR
ISBN 3-7742-0749-6
49,90 DM / 364,00 ÖS / 46,00 SFR
ISBN 3-7742-5099-5
39,90 DM / 291,00 ÖS / 37,00 SFR
ISBN 3-7742-0735-6

Das Meer um Kuba ist der größte Schiffsfriedhof der Welt. Hunderte Galeonen der spanischen Konquistadoren versanken hier im Sturm. Ihre Bäuche waren gefüllt mit Gold, Silber und Edelsteinen – Raubgut der Armada aus der Neuen Welt, Schätze der Mayas, Inkas und Azteken. Fidel Castro hofft, das Gold auf dem Grund werde sein Land aus der drängenden Finanznot erlösen. Um es zu heben, hat er jetzt einen Pakt mit den Kapitalisten geschlossen

Text: Mario Kaiser, Fotos: Antonina Gern

Das Meer ist ruhig in dieser Nacht, schwarz, als sei alles Licht in ihm ertrunken. Sie sitzen auf dem Boot im Hafen und sehen den Mond an, der voll und weiß am Himmel steht. Die Männer legen die Köpfe in den Nacken und blinzeln und fragen sich, ob Sturm aufziehen wird. Dann rasieren sich alle mit derselben Klinge, gehen ins Dorf und tanzen mit den Mädchen.

Am nächsten Morgen lösen sie die Taue. Francisco wirft die Enden zu Erick und springt an Bord. Mesa stellt sich ans Ruder. Rubén sitzt hinter ihm und beugt sich über eine Landkarte. Scott, der Kanadier, liegt noch unter Deck und schläft. Mesa steuert das Boot, die „Explorad'oro", aus dem Hafen. Sie fahren die Küste entlang und Isabela de Sagua zieht an ihnen vorbei. Drüben am Ufer sehen sie Diana, das schönste Mädchen aus dem Dorf, wie sie im Wind steht und ihren Strohhut festhält.

Sie sind auf dem Weg nach Cayo Verde, einer kleinen Insel im Archipiélago de Sabana. Doch die Insel interessiert sie nicht. Was sie suchen, liegt weit vor der Küste Cayo Verdes, auf dem Grund des Atlantik, der sich zwischen Kuba und Amerika streckt, flach und unberechenbar. Sie haben in dem Gebiet sieben Wracks entdeckt, die im 18. und 19. Jahrhundert gesunken sein müssen, vielleicht im Sturm, vielleicht in einer Schlacht. Sie haben die Schiffsskelette gesehen, die übrig geblieben sind nach all den Jahren, zersetzt von Mikroben, überwachsen von Korallen.

Was immer damals geschehen ist, es ist nicht mehr wichtig. Was die Männer an diesen Ort lockte wie ein Echo aus der Vergangenheit, was sie zu finden hoffen unter dem Schwemmsand, unter der Kruste der Zeit, irgendwo zwischen den Kerzenleuchtern, den Kanonen und den Flaschen, in denen noch Wein schwappt, ist Gold. Es ist ein Sog, der sie mit denen verbindet, die dort und anderswo gesunken sind. Es ist, was Menschen immer über die Meere getrieben hat in der Hoffnung, eine Grenze zu verschieben, schon als sie noch fürchteten, die Erde sei eine Scheibe. Es ist die Sehnsucht, einen Ort zu entdecken. Seine Schätze zu heben, bevor andere ihn erreichen. Und es beruhigt die Männer auf der „Explorad'oro", dass niemand vor ihnen an dem Ort gewesen zu sein scheint, auf den sie jetzt zusteuern.

Sie fahren in nordwestlicher Richtung. Mesa blickt über den Bug des Bootes und versucht, die Wellen zu lesen. Manchmal dreht er den Kopf nach links und beobachtet eine kleine schwarze Box, auf der „Global Positioning System III Plus" steht: Sie verbindet seine Augen mit denen eines Satelliten, der wie eine Boje im All treibt, einem anderen Ozean der Geheimnisse, und die Männer von dort oben nach Cayo Verde lotst. Wenn Mesa den Kopf hebt und auf den Monitor über ihm schaut, kann er die Tiefe und das Profil des Meeresbodens unter ihm lesen. Rubén sitzt auf der Bordwand und überprüft die Sauerstoffflaschen. Erick und Francisco liegen rücklings auf dem Kabinendach. Über ihnen flattert die kanadische Flagge vor einem Himmel, in dem sich das Meer zu spiegeln scheint.

Foto: Arne Holadic

Ein Lockruf aus der Vergangenheit hat sie angezogen: Wracktaucher untersuchen vor Kubas Küste die Planken eines gesunkenen Schiffs

# der Schatz vor der Insel

Partnerschaftliche Suche: der kubanische Taucher Erick und der Kanadier René an Bord der „Explorad'oro". Das Schiff stellten die Kanadier, der Erlös wird geteilt

Die Kruste der Zeit aufweichen: Im Labor kommt das Besteck aus einem Wrack in eine Reinigungslösung.

Keine Duftspuren: Die Parfumflakons aus Kristallglas stammen aus einem Schiff, das vermutlich Ende des 18. Jahrhunderts sank

In der Ferne ziehen kleine Inseln vorbei, bedeckt mit smaragdgrünen Mangrovenbäumen, die aussehen, als seien sie auf den Buckeln gestrandeter Wale gewachsen. Drei Stunden sind vergangen, seit Isabela de Sagua hinter ihnen verschwand. „Bueno", sagt Mesa und deutet auf den Monitor der schwarzen Box, „hier ist es." Das Global Positioning System ortet die „Explorad'oro" bei 80 Grad 14 Minuten westlicher Länge, 23 Grad 10 Minuten nördlicher Breite. Sie werfen die Anker über Bord.

Eine Odyssee liegt hinter ihnen. Keine Irrfahrt auf dem Meer, sondern eine durch die Untiefen der kubanischen Bürokratie. Jahre vergingen zwischen den Tagen, in denen die Schatzsucher in Havanna ihre Seekarten ausbreiteten, und dem Moment, in dem ihre Taucher auf einem Boot unter kanadischer Flagge in die Hoheitsgewässer Kubas fahren durften. Dieses ist eines jener Unternehmen, deren Pläne der Máximo Líder persönlich begutachtet. Es ist eine Revolution unter Wasser, und sie konnte erst beginnen, als der Revolutionär das Zeichen zum Aufbruch gab.

Fidel Castro ist selbst ein Taucher. Und ein Staatschef, der seine Schatztruhe verlor, als die Sowjetunion unterging. Das Gold auf dem Meeresgrund, hofft er, könnte ihn und die Insel erlösen von den Verfehlungen der Revolution. Doch er musste erkennen, dass er es allein nicht heben kann.

Seit fast 500 Jahren liegen die verlorenen Galeonen der spanischen Konquistadoren vor der Küste Kubas. Es war im Jahre 1519, als ein gewisser Hernán Cortés das Reich der Azteken überrannte und den Herrscher Moctezuma II. stürzte. Er stieß das Tor zu einer Schatzkammer auf; die Konquistadoren, die seiner Fährte folgten, nannten sie die „Silberroute". Zu Hunderten segelten sie in die Neue Welt, um die Schätze der Mayas, Inkas und Azteken zu plündern. Sie raubten über 15 000 Tonnen Silber in Mexiko, Bolivien und Peru; wie viel genau, weiß niemand: oft steckte in den Bäuchen der Schiffe der vier- bis fünffache Wert der Summe, die ihre Papiere auswiesen.

Die Galeone war das Handelsschiff dieser Zeit. Sie war doppelt so schnell wie ihre Vorgängerin, die Karavelle. Bis zu fünf Masten erhoben sich aus ihrem Rumpf, und wenn sich ihre Segel blähten, trieben die Winde das Schiff mit vier Knoten über den Atlantik. Sie hatte für ein so schnelles Schiff ungewöhnlich viel Laderaum und wog bis zu 1200 Tonnen. Doch sie hatte eine Schwäche, die Don Alváro de Bazan, ihr Konstrukteur, nicht bedacht hatte: Sie war kopflastig und sank bei Sturm schnell.

Die Silberroute führte die Konquistadoren vor die Ufer Kubas, und dort war es, wo das Meer furchtbare Rache an den Ausbeutern nahm. Es überfiel sie mit Hurrikanen und Piraten, und die Galeonen sanken. Etwa 400 Schiffe sollen im und vor dem Hafen von Havanna auf dem Meeresgrund liegen, weitere 100 westlich der Hauptstadt und um die Isla de la Juventud südlich der Hauptinsel. Fast alle waren sie gefüllt mit Gold, Silber und Edelsteinen, manche so überladen, dass die Mannschaften an ihrer Gier ertranken. Allein entlang der Silberroute werden auf dem Meeresgrund Schätze im Wert bis zu 200 Milliarden Mark vermutet. Vor Kubas Küste ruhen einige der letzten unentdeckten, unberührten Schiffwracks.

Fidel Castro wusste davon. 16 Jahre lang hatte er seine eigenen Männer ins Meer geschickt, hervorragende Taucher und Ozeanographen. Während über ihnen die Kanonenboote patroullierten, suchten sie auf dem Meeresgrund nach den Schätzen. Doch dem staatlichen Bergungsunternehmen „Carisub" fehlte die moderne Technik, mit der westliche Suchmannschaften inzwischen zum mythischsten aller Wracks, der in knapp 4000 Meter Tiefe gelegenen „Titanic", vorgedrungen waren. Castro erkannte, dass er die Hilfe jener Kapitalisten brauchte, von denen das Gold ihn unabhängig machen sollte. Und er schloss einen faustischen Pakt.

Er teilte die Gewässer vor der Küste in Zonen auf und lud eine Hand voll westlicher Unternehmen ein, sich um Tauchlizenzen zu bewerben. Sie mussten dann Joint ventures mit dem staatlichen Bergungsunternehmen „Geomar" bilden. Was immer die Taucher an die Oberfläche bringen würden, die Erlöse sollten zur Hälfte geteilt werden.

Auf diesen Moment hatten ausländische Firmen seit Jahren gewartet, und die Territorien waren schnell abgesteckt. Die Franzosen konzentrierten sich auf die Tiefsee, die Südafrikaner auf den östlichen Teil der Nordküste. Das verheißungsvollste Gebiet, die Bucht von Havanna und ihre Einfahrtsroute, fiel den Schatzsuchern von „Visa Gold Explorations" aus Toronto zu. Und sie schickten ein weißes leuchtendes Boot namens „Explorad'oro" aufs Meer.

Rubén, Erick und Scott schlüpfen in die Taucheranzüge. Mesa und Francisco lassen den Sandsauger ins Wasser gleiten. Die Taucher kippen kopfüber ins Meer. Es ist nur wenige Meter tief an dieser Stelle, und sie landen in einer Ausschachtung, einem zehn mal vier Meter großen Rechteck, das mit blauem Band abgesteckt ist. Hammer und Meißel liegen auf den Korallenfelsen, ein Maßband, eine Zeichentafel. Das Wasser ist so klar, dass es aufhört zu existieren. Dies könnte eine Ausgrabungsstätte in der Wüste sein, über der Schwärme von Papageifischen fliegen.

Die Technik einer neuen Zeit hat die Männer an diesen Ort geführt. Das Global Positioning System, das das Meer für sie in Quadrate teilte. Das Side-Scan-Sonar, das ihnen ein Bild des Meeresbodens malte. Das Magnetometer, das unter der Kruste der Korallen das Eisen aufspürte. Doch jetzt benutzen sie nur mehr ihre Hände. Rubén treibt den Hammer mit kräftigen Schlägen in das Korallenriff. Eine Wolke steigt auf. Der Staub der Vergangenheit scheint sich zu lösen. Sie fächern ihn in den Schlund der Saugpumpe. Ein faustgroßer Klumpen bricht aus dem Riff. Als Rubén ihn vorsichtig zwischen seinen Fingern zerbröselt, bleibt auf seiner Hand ein goldener Ohrhänger mit einem tropfenförmigen Edelstein liegen. Rubén lässt ihn in eine Plastikflasche fallen. Er hämmert nun behutsamer und kratzt mit den Fingerspitzen im Riff. Bald stößt er auf ein Bündel Gabeln und Löffel, die so fest verwachsen sind, dass er sie nicht voneinander lösen kann. Er legt das Besteck zu den Fundstücken der vergangenen Tage: eine verkorkte Weinflasche, eine schlanke Glasvase, ein Tintenfass, Keramikbecher, ein Messerschaft, Flacons.

Die Männer wanken im Sog der Wellen. Das Wasser verlangsamt ihre Bewegungen und macht, wo kein Muskel zu erkennen und kein Atem zu hören ist, die Anstrengung ihrer Körper sichtbar. Sie wirken fremd an diesem Ort, in ihren Masken und Schläuchen und Gummihäuten. Aus ihren Köpfen steigen Kaskaden silberner Perlen. Rubén scharrt weiter, und als die Staubwolke im Saugrohr verschwindet, schimmert im Riff etwas Mintfarbenes: ein Keramikbecher. In den vergangenen Tagen haben sie einige dieser Becher gefunden, und sie vermuten, dass sie einmal mit Salben gefüllt waren. Der Becher ist stark beschädigt.

Doch auf der Glasur sind schwarze Buchstaben zu erkennen: MONPELAS, Parf. Rue S. Martin, 29. à Paris. Noch wissen die Männer nicht, welches Wrack sie gefunden haben. Der Becher wird sie näher an die Wahrheit führen.

Sie wissen, dass diese Wahrheit unvollkommen bleiben wird. Was an Bord wirklich geschah in dem Moment, in dem alles zu Ende ging, gibt das Meer nicht mehr preis. Nur Reste von Wahrheit, Splitter wie von der verkohlten Planke, auf die sie jetzt gestoßen sind.

Die Männer glauben, dass es ein Feuer an Bord gab, denn auch an den Keramikbechern haben sie Rußflecken gefunden. Vielleicht war es der Brand, der das Schiff untergehen ließ. Vielleicht aber hatte etwas anderes das Schiff verwundet, und es war schon verloren, als die ersten Flammen an ihm leckten.

Langsam gibt das Riff mehr und mehr von seinen Geheimnissen frei. Es trennt sich von den Resten eines Handfächers, von dreilöchrigen Knöpfen, einer Pistole, von schwarzen Perlen und Kinderbesteck. Und dann leuchtet etwas im Schleier des sich lichtenden Korallenstaubs. Es sind zwei Steine, smaragdgrün der eine, saphirblau der andere, klein und rund wie die Augen eines Fisches. Rubén hat Mühe, sie mit Daumen und Zeigefinger zu greifen. Er hält sie ins Licht und sieht, dass sie geschliffen sind.

Und auf einmal ist das Schiff nicht länger ein Wrack, das auf dem Grund des Meeres liegt, zerfallen bis zur Unkenntlichkeit. Es fügt sich wieder zusammen. Hat einen Rumpf, der knarzt unter der Last seiner Ladung, Masten, an denen sich Segel im Wind wölben. Männer stapfen über Deck, Pistolen an den Hüften. Frauen fächern sich Luft zu in der Enge der Kabinen. Abends, wenn der Kapitän das Logbuch schreibt, sitzen sie im Schein der Lampe, die über ihren Köpfen pendelt, und essen und trinken süßen Wein.

Und dann schüttelt eine gewaltige Kraft das Schiff, und sie spüren eine unsägliche Hitze, der sie zu entkommen suchen, während sich alles neigt und neigt und sie sich noch wehren, obschon sie ahnen, dass sie verloren sind, sie und all die Dinge, an denen sie hängen, und die nichts als Dinge sind jetzt, da sie sinken; und dann – dann ist alles still für einen Moment und dann für eine Ewigkeit.

Es ist nun spät am Nachmittag und das Licht fällt in diagonalen Säulen auf die Taucher. Das Meer hat unablässig an ihnen gezerrt und ihre Kräfte erschöpft. Mesa gibt den anderen ein Zeichen, dass es Zeit ist aufzuhören. Sie lassen die Hammer liegen und stoßen sich vom Meeresboden ab.

Sie fahren zu einer der Mangrovenbauminseln in der Nähe und ankern im Schutz einer Bucht für die Nacht. Rubén überträgt eine unter Wasser gezeichnete Skizze von der Zeichentafel auf Papier. Später stellen sie einen Topf heißer Nudeln in ihre Mitte, Erick isst aus dem umgedrehten Deckel. Die Männer strahlen eine unerschütterliche Ruhe aus. Sie scheinen sich zu mögen und einander zu vertrauen, doch sie reden nicht viel, nicht einmal über die Schätze, nach denen sie suchen. Das Meer hat die Angewohnheit, aus Männern Stoiker zu machen. Sie hören „Radio Key West", dessen Signal sie klar empfangen können. Die versinkende Sonne ist eine goldene Münze.

Das Meer ist voll von Wracks, die nie gesunken sind. Zwischen all den Legenden die wenigen unberührten Wracks zu finden, ist eine der schwierigsten Aufgaben der Schatzsucher. Alle Technik hilft ihnen nicht, wenn sie nicht wissen, wo sie suchen müssen. Ihre einzige verlässliche Quelle sind die Archive in Sevilla. Dorthin wurden die Dokumente nach dem Krieg Kubas gegen Spanien Ende des 19. Jahrhunderts verfrachtet. Doch viele Schiffe verschwanden ohne jede Spur, und Tausende Dokumente sind verloren gegangen, in Kriegen verbrannt, in Feuchtigkeit verfault.

Und wenn es Dokumente gibt, enthalten sie oft nur vage Angaben über die Position eines Schiffes zum Zeitpunkt seines Untergangs. Die Schatzmeister der spanischen Krone interessierte nicht, wo eine Galeone versank. Sie wollten wissen, was verloren gegangen war. Die Schätze aus der Neuen Welt waren von enormer Bedeutung für das Land, jeder Verlust schadete seiner Kreditwürdigkeit in den Finanzzentren Europas. Die spanische Krone hatte ständig Schulden bei ausländischen Banken und verpfändete die Schätze manchmal Jahre im voraus.

Einmal, es war im Sommer 1567, verzögerte sich die Ankunft einer Flotte ungewöhnlich lange, und das Land stand kurz vor der Zahlungsunfähigkeit. König Philipp II. war so aufgeregt, dass seine Ärzte ihm Bettruhe verordneten. Der verzweifelte König ließ sein letztes Geld an Kirchen und Klöster im Land verteilen, damit für die sichere Rückkehr der Flotte gebetet würde. Es wurde gebetet, und die Schiffe trafen ein, und die Menschen im Land jubelten.

Als Sethu Raman Anfang der neunziger Jahre nach Kuba kam, suchte auch er nach Gold und Silber. Doch er suchte nicht im Meer. Raman, ein indischer Geschäftsmann aus Toronto und einer der Gründer von „Visa Gold Explorations", wollte Gold und Silber aus Minen im Landesinneren schürfen. Vier Stunden vor seinem Rückflug nach Toronto, es war ein Uhr morgens, erschienen Fidel Castros Unterhändler in seinem Hotel, und die Verhandlungen begannen. Zwei Stunden später unterzeichneten sie die Verträge. Raman war erfahren im Umgang mit korrupten Regimes in Mittelamerika, und die Geradlinigkeit der Kubaner beeindruckte ihn. Er begann, viel über Kuba zu lesen, und eines Tages stieß er auf eine Liste der zehn wertvollsten unentdeckten Schiffwracks. Eines der Schiffe war die „Santisima Trinidad". Die Galeone war 1711 westlich des Hafens von Havanna im Sturm gesunken. Sie soll Gold und Silber im Wert von mehr als 800 Millionen Mark an Bord gehabt haben. Raman war elektrisiert.

Er heuerte Rechercheure an und schickte sie in das Archiv in Sevilla und das National Maritime Museum in London. Er konsultierte einen Seefahrtshistoriker in Florida und einen Archäologen in Kanada. Sie trugen mehr als tausend Seiten Details über die „Santisima Trinidad" und ihren Untergang zusammen. Dann heuerten sie einen Professor für Ozeanographie an und formten eine Theorie. Doch erst Jahre später unterzeichneten die Kubaner die Verträge für die Bergung der „Santisima Trinidad".

Nun sitzt Raman in einem Ferienhaus in einer vornehmen Gegend westlich von Havanna und erinnert sich. An den Wänden hängen Seekarten und Unterwasserbilder von Wracktauchern. Zu seinen Füßen steht ein Aquarium, in dem sich Fundstücke aus den gesunkenen Schiffen stapeln. Er zieht eine Visitenkarte aus der Hemdtasche, auf der Kuba als eine aus Silber gegossene Insel glänzt. „Die Kubaner sind sehr gut trainiert und ausgebildet", sagt er, „aber sie lassen sich Zeit, bevor sie Entscheidungen treffen. Man muss erst eine persönliche Freundschaft aufbauen. Sobald sie einem vertrauen" – er schnippte mit den Fingern – „geht alles ganz schnell."

Laborantin Yisele befreit ein Schmuckstück von Schmutz und Ablagerungen. Sobald sie lupenrein ist, werden sich die Archäologen mit der Massivgoldkette befassen

Wracktaucher Erick begutachtet Fundstücke. Kein Gold – aber auch ein Stück Blech kann die Schatzsucher der Wahrheit näher bringen, denn das Meer hält das Gold gut versteckt

Aufs Nötigste beschränkt: das Labor der Schatzsucher-Firma „Visa Gold Explorations". Die Kanadier residieren im Westen Havannas

Die Keramikbecher wurden in einem Wrack bei Cayo Verde vor der Nordküste gefunden. Die Rußflecken lassen vermuten, dass auf dem Schiff ein Brand ausgebrochen war

Das Haus, in dem Raman sitzt und erzählt, steht in Marina Hemingway, einer von Polizisten bewachten Enklave weißer Häuser, weißer Yachten und weißer Menschen. „Visa Gold Explorations" hat in dem Haus sein Büro eingerichtet, nachdem 1998 endlich das Joint venture mit „Geomar", dem kubanischen Partnerunternehmen, zustande gekommen war. An diesem Nachmittag gleicht das Haus der Zentrale eines Krisenstabs. Männer fahren in Geländewagen vor, stürmen zur Tür herein und wedeln mit Papieren. Der Präsident der Firma, aus Toronto eingeflogen, sitzt am Konferenztisch im Obergeschoss und führt Strategiegespräche. Manchmal klingeln so viele Mobiltelefone gleichzeitig, dass die Männer in verschiedene Ecken des Hauses laufen müssen, um ihre Anrufer zu verstehen. Auf einem Fernseher läuft „CNN". Der Finanzvorstand liegt auf der Terrasse und sonnt sich. Raman beugt sich vor und hebt seine Stimme gegen den Lärm. „Wir kennen die ganze Geschichte", sagt er und lässt die „Santisima Trinidad" noch einmal sinken. Es war gegen zwei Uhr am Morgen des 16. Dezember 1711, als ein schwerer Sturm das Schiff vor sich herschob. Etwa fünf Stunden vor Havanna lief es auf Grund und fiel auf die Steuerbordseite. Der Kapitän, Admiral Don Diego de Alarcon y Ocana, versuchte, das Schiff auf die dem Wind abgekehrte Seite zu wenden. Vergeblich. Ein Matrose gab später zu Protokoll: „Die verzweifelten Manövrierversuche hielten etwa eine Stunde an, bis sie schließlich beide Anker warfen, aber es war zu spät, und kurze Zeit später prallten sie auf das Riff." Die „Santisima Trinidad" war verloren.

„Das Riff liegt weniger als zehn Meter unter Wasser." Raman nimmt ein Blatt Papier und einen Bleistift. Er zeichnet einen Unterwasserquerschnitt der Unglücksstelle. „Ich glaube, dass sie auseinander gebrochen ist und ihre Hälften auf beiden Seiten des Riffs liegen." Er sagt, seine Theorie sei mit der heutigen Technologie leicht zu überprüfen. Er wollte mit einem Aufnahmegerät über die Bucht fliegen, das ein dünnes Seil noch 15 Meter unter der Wasseroberfläche erkennen kann. Doch die Kubaner weigerten sich. Das Gerät war vom US-Militär entwickelt worden, um U-Boote aufzuspüren, und es wurde von einer amerikanischen Firma vertrieben. Eine ungeschriebene Klausel im Vertrag besagt, dass keine Amerikaner an der Operation beteiligt sein dürfen. Und da war noch etwas, was die Kubaner nervös machte: Die Flugroute hätte über Castros Haus geführt. Dies ist keine romantische Jagd nach dem Schatz am Ende des Regenbogens. Es ist ein Geschäft. Und kontrolliert wird es von glatt rasierten Männern, die erster Klasse fliegen, Rolex-Uhren tragen, ihre *burn rate* im Auge und ihre Aktionäre bei Laune halten müssen. Männer wie Paul Frustaglio, Präsident von „Visa Gold Explorations". Eines Abends, am Ende eines langen Verhandlungstages, erzählt Frustaglio von der Invasion der Schatzsucher in Havanna. Er sitzt im Fond eines schwarzen, fabrikneu riechenden Mercedes-Taxis. „Es gibt in diesem Geschäft eine Menge Leute, die wie die Großfürsten auftreten und meinen, sie müssten den Kubanern nur genügend Dollar zuwerfen, dann könnten sie die Regeln diktieren." Er sieht zum Fenster hinaus, in dem die orangen Lichter des Malecón verwischen. „Für mich ist der Schlüssel zum Erfolg Respekt. Die Kubaner sind unsere Partner. Wir wissen, was da unten liegt. Wir werden es entweder zusammen heben oder zusammen scheitern."

Es begann mit Blitzen, die den Himmel silber färbten, und nun trommelt der Regen auf das Kabinendach der „Explorad'oro". Dann flackert ein Blitz über die Gesichter der Männer, die sich fragend ansehen, und die, als die Haare auf ihren Armen stehen, einen metallischen Geschmack in den Mündern haben. Es ist, als ob das Meer sie an etwas erinnern wollte.

Der Himmel ist grau und schwer am Morgen danach. Sie fahren früh zur Wrackstelle hinaus, doch sie holen die Anker bald wieder ein. Das Meer hat sich noch nicht beruhigt, und die Kräfte der Männer sind erschöpft. Die „Explorad'oro" nimmt Kurs auf Isabela de Sagua.

Sie haben kein Gold und kein Silber gefunden, auch diesmal nicht. Nur kleine Schätze, von denen sie nicht wissen, was sie wert sind. Doch es beschwert sie nicht. Francisco und Mesa sitzen auf dem Dach und sehen auf das Meer, aus dem Delfine springen und dem Boot folgen wie eine Eskorte. Die Männer wissen, sie sind nur Taucher, denen alles Gold, das sie finden, niemals gehören wird. Und vielleicht sind sie froh darüber. Sie wissen, wie wenig Glück es denen brachte, die es besitzen wollten.

**Mario Kaiser** *ist freier Autor in New York. Seine Reportagen wurden zweimal mit dem Axel-Springer-Preis für junge Journalisten ausgezeichnet.*
**Antonina Gern** *lebt als freie Fotografin in Hamburg.*

Text: Ruedi Leuthold, Fotos: Sven Creutzmann

# Die Jünger

Sklaven aus Afrika brachten einst ein gro
der Abakuá bewahrt es bis heute. Außer

Gleich gehören sie dazu. Mit verbundenen Augen werden die Neulinge zum Höhepunkt der Initiationszeremonie geführt

# des Leoparden

ßes Geheimnis mit nach Kuba. Die Bruderschaft
stehenden ist das ganz schön unheimlich

**Das Geheimnis der Abakuá, das große, das todbringende Mysterium der schwarzen Bruderschaft Kubas, es wurde schon im Jahr 1882 verraten;** der damalige Polizeichef der Stadt Havanna, Trujillo Monagas mit Namen, gab es an die Tagespresse weiter. Aber wer kann das noch wissen, hier im verschlungenen Gedärm der Innenstadt, Ecke Gervasio und San Martín?

Es sei dir nicht geraten, Reisender, falls du dich je in das verluderte Zentrum verirrst, wo nur Noträumungen und hin und wieder eine staatlich verordnete Sprengung dem schleichenden Zerfall ein Ende setzen, nach der Straße San Martín zu fragen. So nannten die Revolutionäre die schmale Gasse, nach General San Martín, dem Helden der südamerikanischen Befreiungskriege. Doch die Bewohner richten sich nicht nach Straßenschildern und Revolutionsbeschlüssen, für sie ist die dünne Ader im Herzen Havannas immer die Straße des Heiligen Josef geblieben, San José. Und so lauert, damit du es weißt, Reisender, und dich vorsiehst, hinter jeder Straßenecke eine tiefere Wahrheit. Und es verhält sich nicht anders, hier, im Havanna der gerecht verteilten

**In einem Abakuá-Tempel in Matanzas. Das Bild an der Wand zeigt einen *íreme*. Diese „Teufelchen" im bunten Kleid sind die Seelen der Ahnen, die bei kultischen Treffen tanzen**

**Bei der Initiation reinigt der *íreme* die Neuen mit einem Hahn und einem Strohbesen**

Armut, als bei den wilden, uralten Tänzen der Abakuá: Jede Geste hat eine Bedeutung, jeder Schritt ist ein Satz, den nur der Eingeweihte lesen kann.

Frag auch nicht, wenn du die Ecke gefunden hast, Gervasio und San José. Die Sonne brennt, ein paar Kinder spielen mit zerschlissenen Kartondeckeln, Jugendliche lümmeln herum, zwei weiß gekleidete Mulattinnen gehen langsam die Straße hinunter, in der Auslage der staatlichen Metzgerei wie immer nichts als ein paar müde Eier, frag nicht nach Luís Hernández. Frag lieber nach Arere, dem alten Schwarzen, der jeden Morgen an dieser Ecke hockt. Arere, das ist ein anderer Name für Ogún, den Gott, der niemals schläft im Götterreich der Yoruba, der König der Kraft, der gnadenlose Mörder, grün und schwarz sind seine Farben.

Und wenn du ihn dann gefunden hast, Arere, den groß gewachsenen Mann, in dessen Adern afrikanisches Blut fließt, nur afrikanisches Blut, wie er dir sagen wird, dann frag ihn nicht nach dem Geheimnis der Abakuá. Luís Hernández, genannt Arere, hat beim Blut eines abgebissenen Hühnerkopfs geschworen, ein guter Sohn zu sein, nie zu lügen, nie ein Kind, eine Frau oder einen Alten zu schlagen, niemanden zu misshandeln und sich von niemandem misshandeln zu lassen. Er hat geschworen, nie eine Frau zwischen den Beinen zu küssen und das Geheimnis der Abakuá zu schützen, notfalls mit dem eigenen Leben.

*Awan aran daia waran daria sere*, so lehrten ihn die Alten in der Sprache der Ahnen: Halte die Augen offen, um den Feind zu erkennen. Und schweige.

Wenn am Abend die Mütter an der Straße San José ihre Brut heimrufen, die Stimmen durchdringend, „und wenn ihr nicht sofort kommt, dann hole ich den *ñáñigo*, der schneidet euch das Herz aus der Brust, passt nur auf!" – dann schweigt Arere.

*Nyan-nyan*, das ist das Geräusch des Leoparden, wenn er seine Beute anschleicht, und Arere ist ein *ñáñigo*, ein Mitglied der geheimen Bruderschaft der Abakuá, die sich das Schweigen auferlegt hat, keine Frauen in ihren Reihen duldet und keine Schwulen, verfolgt von der Obrigkeit seit den Zeiten der Kolonisation, drei Jahrzehnte lang verboten auch unter Fidel Castros gottlosem Regime.

Im Jahr 1775 war es, als der Bischof von Havanna den Angehörigen der verschleppten und versklavten Völker Afrikas die Erlaubnis gab, sich in eigenen *cabildos* zu treffen, und jedes dieser Versammlungslokale unter den Schutz

eines katholischen Heiligen stellte. So verschmolzen der spanisch-katholische und der afrikanische Himmel, hier entstanden die afrokubanischen Religionen, deren Magie bis heute das Leben des kubanischen Volkes bestimmt.

Die Santería, auch „Regla de Ocha“ genannt, ein Erbe der Yoruba, besteht aus einem äußerst vielschichtigen System aus Opfergaben, Musik und Riten, die es erlauben, das Handeln der Götter zu beeinflussen und die Zukunft der Menschen zu lesen. Von den Bantu-Völkern stammt die „Regla de Palo Monte“, eine Religion, die an die Macht der verstorbenen Seelen glaubt und wirksam die heilenden Säfte der Natur einsetzt. Aber einzigartig im Kulturraum Amerikas und der Karibik, den die Schwarzen mitgeprägt haben, ist der Kult der Abakuá.

Im Untergrund von Havanna, in den 29 Tempeln der *ñáñigos*, überlebt eine Erinnerung an die graue Vorzeit der Menschengeschichte,

an den archaischen Kampf, als die Männer den Frauen die Macht stahlen. Denn Prinzessin Sikán war es, Tochter des Königs Iyamba, die im Fluss den Fisch fand, der göttliche Laute von sich gab, gekommen, um Frieden zu stiften zwischen den verfeindeten Völkern. So erzählten es sich die Leute im alten Calabar, an einer Flussmündung im Süden des heutigen Nigeria. Aber Sikán brach den Schwur, verriet das Wunder der seltsamen Töne ihrem Verlobten, dem Sohn des befeindeten Königs. Die Völker schlossen Frieden, doch Sikán musste sterben, weil sie geplaudert hatte. Kaum war die Prinzessin geopfert, verstummte der göttliche Fisch. Erst der Zauberer entdeckte das große Geheimnis der Abakuá, wie Abasí, der göttliche Herrscher, wieder zu den Männern spricht.

600 000 Sklaven wurden zwischen 1790 und 1865 nach Kuba verschleppt, unter ihnen die Calabaris, gerühmt für ihre Kraft, gefürchtet für ihren Zorn. Sie bewahrten das Geheimnis der verschworenen Männer. Sammelten Geld, wenn sie freigelassen wurden, um versklavte Brüder freizukaufen. Beherrschten mit ihren ehernen Gesetzen die Arbeit in den Häfen von Havanna, Matanzas und Cárdenas – und nur in diesen drei Städten hören sie, bis heute, im Schatten der heiligen Bäume die Geister der alten Heimat.

Es ist eine Frau, eine Weiße, die die geheime Sekte der schwarzen Männer studiert hat wie keine andere, Natalia Bolívar, 66 Jahre alt. Ihre Wohnung im Stadtteil Miramar ist ein kleines Zauberreich der Wissenschaft, voller Masken, Trommeln, Malereien. Viele Intellektuelle haben das Land verlassen, sie blieb, der Bürokratie trotzend, auch dem Zorn der schwarzen Männer. Denn Natalia Bolívar schrieb Bücher über afrokubanische Kultur. Sie hat das Geheimnis der Abakuá verraten. Seither wurde sie von den Jüngern des schleichenden Leoparden auch schon mit dem Tode bedroht, und manche der bösen Zaubereien, die sie den *babalaos* ablauschte, den Hexenmeistern der afrokubanischen Religionen, wurde gegen sie selber gerichtet. Um jemanden zu zerstören: Steck einen Zettel mit seinem Namen in das Maul eines Frosches, nähe das Maul zu, auch die Augen, und koche den Frosch in einem Topf voller Milch. Sehr wirkungsvoll.

Aber Natalia Bolívar, seit 40 Jahren mit dem Studium der magischen Welt Kubas beschäftigt, fürchtet sich nicht, und das ist ein wirksamer Gegenzauber. Sie kämpfte bei der Regierung dafür, dass die Abakuá ihre Tempel wieder benutzen durften. „Die Abakuá bilden, wie die Freimaurer, einen Männerbund mit strengen ethischen und moralischen Regeln. Dass sie Kinder opfern und Leute umbringen, ist nichts als ein Märchen – seit je von den Machthabern in Havanna benutzt, um unaufgeklärte Verbrechen zu rechtfertigen.“

Eine Abakuá-Prozession in Matanzas. Mit dem Bild der Heiligen Jungfrau von Cobre ziehen sie einmal um den Tempel und weihen damit die angrenzenden Straßen

Der Anführer der Prozession trägt den abgerissenen Kopf eines Hahns im Mund. Bei einem Hahnenkopf hat jeder Abakuá auch geschworen, die Regeln des Kults zu befolgen und das Geheimnis zu wahren

Seit 1992 dürfen sich die *ñáñigos* wieder öffentlich versammeln; besucht die Volkskundlerin aber ihre religiösen Feiern, wird sie von Polizisten begleitet. Wer kann wissen, ob die *íremes*, die maskierten Teufelchen, die Geister der verstorbenen Vorfahren, in ihrer Ekstase nicht plötzlich von heiligem Zorn ergriffen werden angesichts der Verräterin.

Zügle also deine Neugier, Reisender, wenn du Arere gefunden hast im Dschungel Havannas, wo die Straßen anders heißen als sie angeschrieben sind und sich hinter jeder Wahrheit eine neue verbirgt.

Pack den Rum aus, den du mitgebracht hast, sprich vom Wetter, komm ein paar Tage später wieder, mit einer neuen Flasche. Bis der Alte sich erhebt, sagt, er habe Hunger, Junge, komm mit. Und seine Frau, ein paar Häuser weiter, eine Erbsensuppe auf den Tisch stellt, und neben dem Sofa, das mit einem Tuch bedeckt ist, weil die Bettfedern rausspringen, eine Kerze brennt. Und Arere dir zuflüstert, er sei ein Sohn von Ogún, dem Krieger, mächtigem Beherrscher des Waldes, und er müsse seinem Heiligen eine Kerze anzünden, ihn mit Mais und Schnaps füttern, sonst werde er böse.

Später knöpft er sein Hemd auf und zeigt dir die Narben, die von der Einweihung in den Kult des Palo Monte herrühren, er führt dich zum Schrank, in dem *ngánga* verborgen ist, das Pfand, die Heimat der unsichtbaren Geister, eine Schüssel, in der die Knochen einer Ziege, rostige Eisen, Messer und Ketten ruhen.

Jetzt ist die Zeit gekommen, Reisender, dem Mann endlich eine Frage zu stellen.

„Warum brauchst du soviel Religion, Arere?"

Der Alte schaut dich lange und durchdringend an aus seinem dunklen Gesicht, dann spricht er, langsam und ergeben: „Kuba ist wohl ein gutes Land. Aber nicht alle Tode, die hier gestorben werden, haben eine natürliche Ursache. Und deshalb brauchst du etwas, das dich schützt."

„Wovor?"

„Vor den verborgenen Kräften. Den bösen Geistern, die ein Feind auf dich hetzt."

„Wie schützt du dich?"

„Ogún steht mir zu Seite, mein Heiliger. Der *babalao,* der Santería-Priester, liest mir das Leben aus dem Wurf von Kokosschalen und Meeresschnecken. Er sagt mir, wo die Gefahren lauern. Wenn ich mich krank fühle, gehe ich zum Zauberer der Paleros; er kennt alle Rezepte aus der Natur, die mich vom Bösen befreien. Aber ..." – jetzt grinst Arere, und erstmals sind Fältchen sichtbar in seinem 68-jährigen Gesicht – „die schönste und wirkungsvollste Religion ist die der Abakuá. Die Religion der Krieger."

„Was bedeutet es, ein Abakuá zu sein?"

„Es bedeutet, sich nobel zu verhalten. Und nie eine Beleidigung auf sich sitzen zu lassen."

„Hast du getötet, Arere?"

„Das war zum Glück nicht notwendig. Ich war nie im Gefängnis. Aber wenn einer von uns im Gefängnis ist, weil er seine Ehre verteidigt hat, dann unterstützen wir ihn und seine Familie. Sitzt er aber wegen eines Diebstahls, dann wird er ausgeschlossen aus der Bruderschaft. Die Abakuá sind Ehrenmänner."

Jetzt hast du, Reisender, schon einige Flaschen Rum getrunken mit Arere, Sohn von Ogún, König der Gervasio/San José, Schreiner und Zugschaffner in seinem vergangenen Leben, und du fragst ihn, ob er dich mitnehme zu einem Aufstand der Abakuá, so heißen ihre kultischen Treffen. Arere muss zuerst einen *obonekue* fragen, ein Vorstandsmitglied, die Abakuá sind militärisch organisiert, und nur die Ranghöchsten haben Zutritt ins Innerste des Tempels, wo das Geheimnis aufbewahrt wird.

Du kannst mitkommen, bescheidet dir der *mokongo*, der General der Abakuá, aber darfst den Tempel nicht betreten und das Geheimnis nicht wissen, denn niemand darf das Geheimnis wissen, der kein Abakuá ist, nicht einmal Fidel Castro. Und der *mokongo,* ein 50-jähriger Schwarzer, ohne Beruf, erzählt dir von den wilden Schlachten, die sie der Polizei geliefert haben, als ihre Religion verboten war und sie sich im Versteckten trafen; die Polizei musste aufgehalten werden, bis das Geheimnis in Sicherheit war.

Es ist soweit, Arere streicht sich ein magisches Pulver ins Gesicht, *yefa*, das in Afrika aus Elfenbein hergestellt wurde, in Kuba aus Eierschalen, zusätzlicher Schutz gegen alle ver-

borgenen Kräfte, die heute toben werden; für weitere Eventualitäten steckt er sich ein krummes Barbiermesser in die Hose. Es ist Sonntagmorgen, wir fahren hinaus in einen Vorort von Havanna, Los Pocitos de Marianao, wo die Leute in armseligsten Holz- und Blechhütten hausen. Ein Hort traditionellen Volksglaubens, allein die Abakuá haben hier zwölf Tempel. Dort, wo wir hingehen, stehen am Eingang bereits zwei Dutzend Polizisten; vorbeugend, wie sie sagen, damit der Aufstand nicht ausarte.

Die Zeremonie hat am Abend zuvor angefangen, die große Palme und der Wollbaum wurden mit gelber Kreide bemalt und um Beistand gebeten, im Tempel wurden Hühner geopfert und eine Ziege, und die acht Neuen haben, punkt Mitternacht, das Geheimnis der Abakuá erfahren, das Mysterium der Bruderschaft.

Die Sonne brennt. Die neu Geweihten, zwischen 18 und 25 Jahre alt, sind barfuß. Sie tragen Hosen aus rauem Sackstoff. Ihre Oberkörper sind nackt, mit gelben Strichen bemalt. Sie schwitzen. Tanzen im Hof um den Topf mit dem Fleisch der Opfertiere. Singen. *Yoyo amike ke mi ñiango*. Ich bin ein Abakuá.

Aus dem Innern des Tempels – ein bescheidenes, eingeschossiges Gebäude, dem Heiligen Lazarus geweiht – treten die *íremes*.

Die farbigen Kleider mit Schellen und Glocken behängt. Kapuze über dem Kopf. Sie sehen nichts. Hören nichts. Sind die Seelen der Ahnen. Tanzen Worte. Komponieren Sätze mit Gesten, Schritten, Kopfbewegungen. Erzählen von früher, als die Tochter des Königs Iyamba den göttlichen Fisch fand. Die Eingeweihten schnappen sich einen Knochen aus dem Topf, halten ihn zwischen den Zähnen, hüpfen um den Topf. Die Zuschauer klatschen. Der Rum fließt. Arere singt. Arere tanzt. Die Ahnen rufen. Arere verliert sich zum Schlag der Trommeln.

Währenddessen steht plötzlich der *mokongo* neben dir, der General der Abakuá, Hüter des innersten Geheimnisses mit ein paar Jahren Gefängnis auf dem Buckel wegen des diffusen Vorwurfs der Gefährlichkeit, und er fragt dich: „Willst du vielleicht Millionär werden, Fremder?"

Warum nicht, antwortest du, und er sagt, er werde dir das Geheimnis verkaufen, das Geheimnis der Abakuá, und du könntest ein Buch darüber schreiben und reich werden, vielleicht sogar drüben eine geheime Bruderschaft gründen, dort, wo du herkommst.

Ich will dein Geheimnis nicht kaufen, *mokongo*, sagst du, und er schaut dich böse an, nimmt einen großen Schluck aus der Flasche, die Trommeln schlagen, die Teufelchen tanzen, und du weisst, wenn jetzt einer das linke Bein vorstellt und den rechten Arm nach hinten zieht, als wolle er den Bogen spannen, und auf dich zielt, dann bist du als Feind erkannt – nicht umsonst stehen so viele Polizisten draußen. Vielleicht ist es jetzt besser zu gehen, Reisender, glücklicherweise wartet das Auto. Und das Geheimnis, das große, todbringende Geheimnis der Abakuá, kannst du immer noch bei Natalia Bolívar nachlesen: Es ist die Trommel, *ekue* genannt, die mit der Stimme Gottes spricht, wenn der Zauberer *Iyamba* im heiligen Raum *fambá* mit einem Stab aus dem Holz der Pfefferkirsche darüber streicht.

**Ruedi Leuthold** *ist freier Reporter. Kuba besucht er regelmäßig seit 20 Jahren.*
**Sven Creutzmann,** *lebt seit 1993 als Fotograf auf Kuba. Er ist Mitglied der Agentur* Zeitenspiegel.

**Natalia Bolivár – hier an der Gruft ihrer Familie in Havanna – hat den Kult der Abakuá studiert**

**Die Zeichen können nur Eingeweihte lesen. Banner in einem Abakuá-Tempel in Cárdenas**

**Diener des Leoparden im Dschungel von Centro Havanna, das ist Luís Hernández, genannt Arere. In seinen Adern fließt nur afrikanisches Blut. Er legt Wert darauf, das zu betonen**

# Hoch

Birdwatcher auf Vogelbeobachtungs-Safari im Dschungel der Zapata-Halbinsel: Warten auf den Todi, die Bienenelfe oder den Kuba-Tyrannen

Auf Kuba haben Birdwatcher Grund zum Feiern. 300 Zugvogel-Arten besuchen die Insel im Frühjahr und Herbst. Außerdem leben hier 25 Endemiten – Vögel, die nirgendwo sonst existieren

Text: Claus-Peter Lieckfeld

# die Gläser!

Manchmal beginnen die Schwierigkeiten da, wo man sie nun wirklich nicht erwartet hätte. Es ist eben unendlich viel leichter, den Heldentenor auf einer Opernbühne mit dem Glas zu erfassen und scharf zu stellen als einen exotischen Sänger im Blättergewirr. Und so stellt sich das dann für den Anfänger dar: Man erahnt eine vorbeihuschende Vogelgestalt mehr als dass man sie sieht. Setzt das Fernglas an. Lässt die verglasten Augen gleichermaßen fahrig wie erfolglos von Ast zu Ast hüpfen. Setzt mit einem leichten Anflug von Schwindel ab. Versucht nun, das Objekt mit unbewaffnetem Auge dem grünen Verhau zu entreißen – und hat seine Chance schon vertan.

Dann ist es gut, wenn man erfahrene „Birder" um sich hat, Birdwatcher – Fernglas-Virtuosen, die fast überall zwischen den Polkappen Vögel fokussiert haben. Ron, 72, eine Art „Birder"-Legende aus Arizona, USA, tippt grinsend seinen Tropenhut nach hinten und knarzt: „Also nochmals: Das ganze ist ein Viererschritt. Erstens, Blick fest auf den Punkt geheftet lassen, an dem der Vogel eingeflogen ist. Zweitens, Glas exakt in Blickrichtung ansetzen. Drittens, Pupille von Unendlich auf Fixieren stellen – you got it? – und erst dann, viertens, am Fokussierrad drehen."

Bei einem wie Ron verschmilzt das zu einer einzigen Gleitbewegung, schließlich gehört er zur internationalen Crème der „Birder": 5000 Arten auf allen Kontinenten hatte er schon vor dem Glas, rund die Hälfte der Welt-Vogelfauna. Auf Kuba will er den magischen Schritt in Richtung 6000 machen.

KUBA-TROGON

KUBA-EULE

KUBA-FINK

KUBA-KAUZ

Die größte Karibikinsel mag dem Weltgedächtnis als Brückenkopf der Revolution eingeprägt sein; unter Ornithologen und Birdwatchern ist die Riesenbanane vor Florida die Landbrücke für den transamerikanischen Vogelzug von Nord-Kanada bis Feuerland: Rund 300 Arten ziehen im Frühjahr und Herbst hier durch.

Dazu kommen aber noch 25 Endemiten – Vögel, die nur auf Kuba existieren. Solche Exklusivitäten gibt es prinzipiell auf allen größeren Inseln, aber selten sind sie so schön und so besonders wie die kubanischen. Ihretwillen auch hat Ron – übergewichtig, gehbehindert und nicht mehr der Jüngste – ein paar tausend Extra-Flugmeilen absolviert: Tucson, Arizona – Toronto – Havanna. Uncle Sam sieht es nämlich noch immer nicht gern, wenn seine Bürger eines der letzten „Reiche des Bösen" direkt anfliegen.

Damit für einen wie Ron aus einer *birding tour* ein „rrrreal big thing" wird, müssen die Vögel über die Netzhaut und das Hirn in die Liste gelangen. Wer diesen Vorgang noch nicht erlebt hat, nenne das sogenannte listing bitte nicht banal! Es ist ein mystischer, über viele Teilschritte zur Vollkommenheit führender Akt. Es geht um die Annäherung an den exklusiven Zirkel der Weltklasse-„Birder". Und irgendwie ist das ganze auch eine Art unblutige Trophäenschau. Die Tageshitze weggeduscht, leises Eiswürfelklirren im Minz-Cocktail, die nahe Brandung beklatscht einen furiosen Sonnenuntergang hinter tropischen Ambosswolken. Und dazu dieses Es-ist-vollbracht-Lächeln von acht amerikanischen Birdwatchern, die sich versammelt haben, um die beobachteten Arten in vorgedruckten Listen abzuhaken.

Alvaro Jaramillo, Profi-Ornithologe und wissenschaftlicher Betreuer der Tour, übertönt mit seinem Jungmänner-Bariton die unvermeidliche Son-Musik: „Seite zwei, Nr. 63, Keilschwanzregenpfeifer, gleich hinter der Brücke. Nr. 64, Mexiko-Stelzenläufer – haben ihn alle gesehen? Nr. 65, mindestens fünf Gelbstirn-Jassana, einer davon zum Greifen nah … Nr. 66, hat jemand den Großen Gelbschenkel gesehen? Nur einer? Dann können wir den nicht offiziell zählen … Und jetzt die Sensation des Tages, ein Irrgast, Europäische Heringsmöwe. Das ist erst der dritte Nachweis auf Kuba."

Am Ende einer 14-tägigen Tour durch Buschsteppen, Küstensümpfe und Bergwälder werden alle Teilnehmer die fantastische Vogel-Ausbeute loben: 200 von 350 möglichen Arten gesehen! Und fast alle 25 Kuba-Endemiten! Das ist nur zu schaffen, wenn ein hochqualifizierter Ornithologe die Tour leitet und zusätzlich lokale Experten für ein paar Dollar Tageslohn den zahlenden Gästen die Juwelen als Augenfutter preisgeben. Dann kommt es zu magischen Momenten wie diesem: Nancy aus Ohio stößt im La Belen-Park südlich von Camagüey einen spitzen Schrei des Entzückens aus.

Über uns posiert der Kuba-Tyrann, der größte und seltenste seiner Art, mit einer angemessen gigantischen Wespe in seinem Imponierschnabel. So nah ist er, dass Ferngläser nur stören würden. Und als gälte es, für eine Farbtafel in einem Bestimmungsbuch Modell zu sitzen, gesellen sich noch seine beiden kleineren Verwandten zum Vergleich hinzu: Grau-Tyrann und Bahama-Tyrann. Aus dem Off der Kommentar des lokalen Führers: „Es gibt vermutlich keinen zweiten Platz auf der Welt, wo man drei Kingbirds auf einen Blick sehen kann."

Auch ein Anfänger wie ich, Erstsemester in dieser Kleingruppe von Freizeit-Vogelprofessoren, spürt in solchen Momenten den Schauer, dem „Birder" rund um die Welt nachreisen – für zigtausend Dollar und mit Zeit-Budgets, wie sie eben nur wohlhabende Pensionäre haben: Man steht da, atmet flach und sieht eine Erscheinung. Der Kuba-Tyrann im Belen-Park war einer von maximal 300 verbliebenen: Mahnmal in eigener Sache, das vermutlich schon bald so unwiederbringlich verschwunden sein wird wie die Hängenden Gärten der Semiramis. Und stumm betet man die Worte: Ich hab ihn noch gesehen. Danke!

Um den Kuba-Trogon, den Wappenvogel der Insel, steht es nicht ganz so ernst. Er trägt die Landesfarben Blauweiß-rot, dazu einen grün schillernden

Fotos: Robert Rattner, Doug Wechsler

VIELFARBENTODI

GELBKOPF-GRASMÜCKE

ZAPATA-ZAUNKÖNIG

ZAPATA-SPATZ

Frack und eine Art Schleier-Cape über den Schwungfedern. Buchstäblich herausragend aber ist sein barock gedrechselter Schwanz. Ein Vogel mit dem Auftritt einer Opern-Diva. Deutlich kleiner aber nicht minder spektakulär der Vielfarbentodi. Eine rosa-karminrot-knallgrüne Flitzekugel, ein gefiedertes Kraftei, ein kleines Bewegungsgenie, ein Wonneproppen, der beim Schmettern den Kopf in den Nacken legt und steil zum Himmel zetert.

Der Todi war kaum *ticked* – abgehakt –, als es noch großartiger kam, wiewohl kleiner: eine Bienenelfe, nur auf Kuba zu finden, kleinster Vogel der Welt und der einzige Kolibri, der im Winter seinen irisierenden, paillettenbestickten Schillerkragen ablegt. Ein Höhepunkt auch die kubanische Wachteltaube – eine scheue, blauköpfige Taube, die uns andächtig nickend umrundete wie in morgendliche Meditation versunken. Oder war es nur eine leichte Verstörtheit, ausgelost durch die Lockstimme vom Tonband?

Vögel mithilfe von Tonbandaufnahmen ihrer Artgenossen anzulocken ist ein alter Ornithologentrick und im Regelfall wohl keine allzu große Belästigung. Es sei denn, die das Revier verteidigenden Männchen müssen alle naslang gegen immaginäre Konkurrenten anzetern. Ob „Birder" da immer das richtige Augenmaß haben? Ihr Blick ist schließlich extrem verengt auf das Seelen-Manna, das vom Himmel schwebt und flattert.

Optisch gesehen ist Verengung die Voraussetzung für Scharfsichtigkeit, allerdings um den Preis, dass die Umgebung unscharf wird. Beim Tunnelblick der „Birder" habe ich diesen Effekt erstmals im Speisesaal im obersten Stock des „Camagüey Grand Hotel" erlebt.

Ein wunderbar antiquierter Ort, wo im diffusen Licht der Lüster noch die Geister der Zuckerbarone umgehen, die hier vor der Revolution ihre Gelage abhielten. Aber Walter und Kathleen aus Des Moines, Iowa, durchmessen den Raum, als wäre er einer von weltweit 100 000 identischen Bratklopsbuden; dafür sehen sie das, was Normalsichtigen unentdeckt geblieben wäre: Kubanische Schwalben, die vor den Fenstern das magische Dämmerungsblau über der Stadt zersicheln. Und als unsereins noch die Süßspeisen sondiert (Kubaner haben bei allem Mangel noch immer Überfluss an Zucker, mit dem sie jedes Dessert ruinieren), sehen sie Schleiereulen, die im Shuttle-Verkehr zwischen Dachterrasse und verfallender Hauptkirche vorbeiwischen.

Auf Vögel fokussiert bleiben die Blicke auch dann, wenn es spektakuläre Naturmonumente wie die Cueva los Portales zu bestaunen gibt, ein halb offenes Höhlen-Labyrinth hinter einem wasserdurchflossenen Felsentor im La Guira-Nationalpark. Che Guevara hielt hier 1962, auf dem Gipfel der Kuba-Krise, die Westarmee vor US-Spähflugzeugen versteckt. Und während mich vor Ches Feldbett in seiner ehemaligen Kommando-Hütte der Zeitgeist der frühen Sechziger anweht, höre ich neben mir Rons Stimme: „Ideales Felsschwalben-Biotop!"

So ging das weiter – liebenswert und befremdlich zugleich. Im Che-Mausoleum in Santa Clara – dieser tief katholisch-kommunistischen Ansammlung revolutionärer Heiligenbilder – war ich wohl der einzige, der den Genius loci wahrnahm. Für Paul aus Utah jedenfalls wird dieser Ort sicher immer der Platz bleiben, an dem er einen Gundlachsperber entdeckte, Kubas einzigartigen, eleganten Sperber. Die Statue, die große Che-Politpop-Ikone, wird in Pauls Erinnerung allenfalls ein Schatten sein. Etwa so wichtig wie der Ast, auf dem am Tag zuvor die Kuba-Eule saß. Aber zugegeben – das war schon zum Weinen schön, wie der Gundlachsperber, diese Greifvogel-Weltrarität, mit dem Aufwind spielte, den die Sonne über den aufgeheizten Gedenksteinen erzeugte …

Der verengte Scharfblick der „Birder" hat für den begleitenden gewöhnlichen Naturfreund unschätzbare Vor-

BAHAMA-TYRANN

BIENENELFE

GOLDSPECHT

ROTFUSSDROSSEL

teile. Ich weiß nicht, wie ich ohne die Hilfe meiner sondersichtigen Mitreisenden all die Zapata-Spatzen, Zapata-Rallen, Zapata-Zaunkönige und Kuba-Finken (alles Endemiten!) gesehen hätte. Ah, diese Grassquits! Selten habe ich glücklichere Menschen um mich gehabt als meine Reisekumpane in diesem Moment: die Gläser zum stummen Gebet erhoben, während ein Schwarm knallgelber, spatzengroßer Kostbarkeiten vor uns sonnenbadete und Klettensamen pickte. Dazu Rons Reibestimme: „Für diesen Anblick kann man mir die 200 glatt schenken – marvellous!"

Ich habe dann, nach dem rituellen, allabendlichen *listing,* nachgefragt, was es mit den „200" auf sich hat. Eine Rekordmarke. Es gibt nur wenige lebende Menschen, die Vertreter aller rund 200 Vogelfamilien in Freiheit gesehen haben (Voliere oder Zoo zählen nicht!). Lebensspanne, Kondition oder Kontostand reichen selten für dieses hohe Ziel.

Viele „Birder" kapitulieren deshalb schon von vornherein vor den „magic two hundred" und stecken sich leichter erreichbare Ziele. Paul aus Utah zum Beispiel. Er ist einer, der vorzugsweise *owling* geht, „auf Eulen", wo immer es *birdy* genug ist. Für ihn hat sich der Kuba-Trip genau an dem Tag gelohnt, als uns Kubas einzigartige Barfuß-Eule vors Glas kam. Und während er das Ereignis mit einem Mojito feiert, schweift er gedanklich ein paar tausend Kilometer südwärts ab: „Argentina ... I tell Ya ... paradise for owlers like me!"

Irgendwann während meiner zwei Wochen unter „Birdern" habe ich mir gesagt, dass diese Sammler, die nichts zerstören oder entnehmen, sich ökologisch korrekter verhalten als die meisten Freizeit-Naturfreunde, wenn man mal von des „Birders" notorischer Vielfliegerei absieht. Man kann sie gern haben, diese Sonderlinge, die einen Palmen-Waldsänger auf 40 Meter am Flug erkennen, wo unsereins noch nicht mal einen huschenden Schatten bemerkt. Und man versteht plötzlich auch die Verehrung, die den beiden Briten Derek Scott und Harry Howard entgegengebracht wird. Sie haben jüngst einen Allzeit-Rekord aufgestellt, wohl so unwiederholbar wie der erste Fußabdruck auf dem Mond: In einem Kalenderjahr gelang ihnen, den Anblick von Vertretern aller Vogelfamilien zu erhaschen.

Mythen-Rang hat auch die im November 1999 – auf Vogelexpedition, wo sonst? – tödlich verunglückte Phoebe S. Snetsinger, der einzige Mensch, der beglaubigte 10200 Arten gesehen hat. „Unsere Phoebe" – Kathleen aus Des Moines nennt sie nie anders – hat die große Vogel-Freiheit in ihrem letzten Aufsatz für das Fachblatt *Birding* auf den Wonnepunkt gebracht. Fast testamentarisch der Tonfall: „Wir leben gerade in der bestmöglichen Zeit der Menschheitsgeschichte, um die Welt-Vogelfauna zu erkunden. Ein kleines Zeitfenster nur: Man kann überall hin reisen, ausgestattet mit zweckdienlichen Informationen und guter Ausrüstung. Man kann es gerade noch, bevor Lebensraumzerstörung und weltweite Ausrottung einen so hohen Blutzoll gefordert haben, dass Reisen einen mehr niederdrücken als erheben würde. Wir sollten dieses Zeitfenster nicht ungenutz offenstehen lassen!"

Wir! „Birder" sagen oft „wir". Spätestens in Cayo Coco, dem Touristen-Ghetto vor Kubas mittlerer Nordküste, habe ich dieses „wir" ein wenig mitempfunden. Wir fokussierten gerade eine Rotfußdrossel – meinen persönlichen Lieblingsvogel, gegen den unsere europäischen Drosseln wie verhuschte Bleistiftskizzen der Evolution aussehen. Da kommt plötzlich ein gummibereifter Touristenzug herangebimmelt, voll von adipösen Amerikanern auf dem Weg zu einer Art Disneyland-Tropfsteinhöhle. Einer johlt in unsere Richtung: „Whoww, reckon them are birdwatchers, guys!" Und alles giggelt. So als wären wir stachelbeerbeinige Schmetterlingsfänger in Khaki-Shorts und Tropenhelmen. Pah! Was wissen die von uns, dachte ich. Ja, ich dachte: UNS.

**Claus-Peter Lieckfeld** *lebt als freier Journalist und Buchautor in Bayern.*

Fotos: Robert Rattner, Doug Wechsler, Robert A. Tyrrell

## MERIAN TIPP BIRDWATCHING

Kuba ist ein Paradies für Vogelkundler. Der gebirgige Südosten der Insel ist in besonderem Maße „Vogelland“. In den 75 Schutzgebieten, die 12 Prozent der Landesfläche ausmachen, hat Kuba praktisch alle seine Ökosystem-Typen erfasst.

### HOT SPOTS

**Cayo Coco** Eine vorgelagerte Insel an der östlichen Nordküste
**Cueva los Portales** Im Güira-Nationalpark, ausgehend vom Hotel El Mirador in San Diego de los Spanios
**Topes de Collantes** 15 km von Trinidad, Start: Finca Codina
**Zapata-Halbinsel** An der westlichen Südküste, ausgehend vom Hotel Playa Girón

### INTERESSANTE ARTEN

**Bahama-Tyrann** (Loggerhead Kingbird, Tyrannus caudifasciatus)
**Dunkle Waldohreule** (Stygian Owl, Asio stygius)
**Gelbstirn-Jassana** (Northern Jacana, Jacana spinosa)
**Grau-Tyrann** (Grey Kingbird, Tyrannus dominicensis)
**Großer Gelbschenkel** (Greater Yellowlegs, Tringa melanoleuca)
**Katzendrossel** (Catbird, Dumetella carolinensis)
**Keilschwanzregenpfeifer** (Killdeer, Charadrius vociferus)
**Kuba-Schwalbe** (Cuban Martin, Progne cryptoleuca)
**Mexiko-Stelzenläufer** (Black-necked Stilt, Himantopus mexicanus)
**Palmen-Waldsänger** (Palm Warbler, Dendroica palmarum)
**Rotfußdrossel** (Red-legged Thrush, Turdus plumbeus)

### ENDEMITEN

**Bienenelfe** (Bee Hummingbird, Mellisuga helenae)
**Blaukopf-Erdtaube** (Blue-headed Quail-dove, Geotrygon cyanocephala)
**Blutfleckspecht** (Cuban Green Woodpecker, Xiphidiopicus percussus)
**Fornswaldsänger** (Oriental Warbler, Teretistris fornsi)
**Gelbkopf-Grasmücke** (Yellow-headed Warbler, Teretistris fernadinae)
**Goldspecht** (Fernandina's Flicker, Colaptes auratus)
**Gundlach-Vireo** (Cuban Vireo, Vireo gundlachi)
**Gundlachsperber** (Gundlach's Hawk, Accipiter gundlachi)
**Kuba-Clarino** (Cuban Solitaire, Myadestes elisabeth)
**Kuba-Eule** (Bare-legged Owl, Gymnoglaux lawrenci)
**Kuba-Fink** (Cuban Grassquit, Tiaris canora)
**Kuba-Kauz** (Cuban Pygmy Owl, Glaucidium siju)
**Kuba-Keilschwanzsittich** (Cuban Parakeet, Aratinga europs)
**Kuba-Mückenfänger** (Cuban Gnatcatcher, Polioptila lembeyei)
**Kuba-Nachtschwalbe** (Cuban Nightjar, Caprimulgus cubanesis)
**Kuba-Stärling** (Cuban Blackbird, Dives astroviolacea)
**Kuba-Trogon** (Cuban Trogon, Priotelus temnurus)
**Kuba-Tyrann** (Giant Kingbird, Tyrannus cubensis)
**Kubamilan** (Cuban Kite, Chondrohierax wilsoni)
**Krabbenbussard** (Cuban Black Hawk, Buteogallus anthracinus)
**Rotschulter-Stärling** (Red-shouldered Blackbird, Agelaius assimilis)
**Vielfarbentodi** (Cuban Tody, Todus multicolor)
**Zapata-Ralle** (Zapata Rail, Cyanolimnas cerverai)
**Zapata-Spatz** (Zapata Sparrow, Torreornis inexpecata)
**Zapata-Zaunkönig** (Zapata Wren, Ferminia cerverai)

### LITERATUR

**Orlando H.Garrido, Arturo Kirkconnell: A Field Guide to the Birds of Cuba. Cornell University Press, 63 DM (Taschenbuch), 126 DM (gebundene Ausgabe)** Das Buch zeigt alle Arten, die man auf Kuba sehen kann und weist auf aussichtsreiche Plätze hin

### INTERNET

**http://worldtwich.virtualavc.net**
**www.camacdonald.com/birding**
Hotspots auf Kuba, Vogelsuchmaschine, Birdwatching-Touren

„Birding“ im Dschungel bei Soroa

# Im Buchhandel erhältlich.

ISBN 3-7742-6510-0

ISBN 3-7742-6509-7

ISBN 3-7742-6508-9

ISBN 3-7742-6507-0

ISBN 3-7742-6506-2

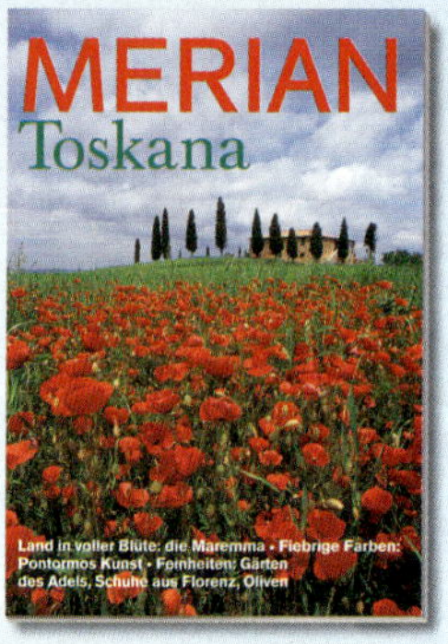


ISBN 3-7742-6505-4

ISBN 3-7742-6504-6

ISBN 3-7742-6503-8

ISBN 3-7742-6502-X

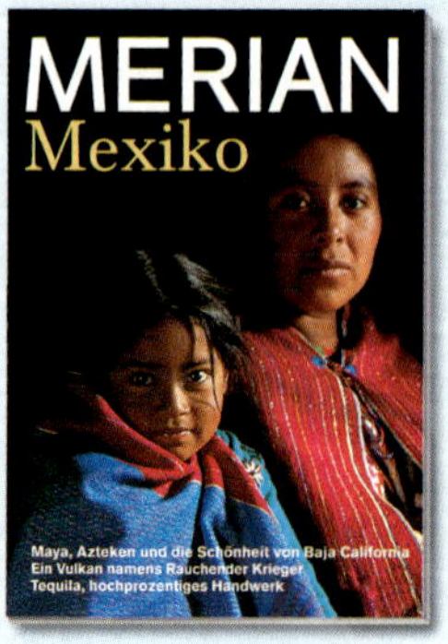


ISBN 3-7742-6501-1

ISBN 3-7742-9912-9

ISBN 3-7742-9911-0

ISBN 3-7742-9910-2

ISBN 3-7742-9909-9

ISBN 3-7742-9908-0

ISBN 3-7742-9907-2

ISBN 3-7742-9906-4

ISBN 3-7742-9905-6

ISBN 3-7742-9904-8

ISBN 3-7742-9903-X

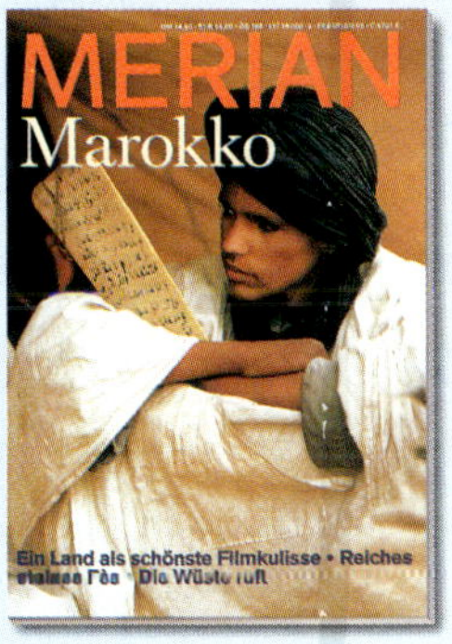


ISBN 3-7742-9902-1

ISBN 3-7742-9901-3

ISBN 3-7742-9812-2

ISBN 3-7742-9811-4

ISBN 3-7742-9810-6

ISBN 3-7742-9809-2

ISBN 3-7742-9808-4

ISBN 3-7742-9807-6

MERIAN

Die Lust am Reisen

# Wachsender Wohlstand

## Kubanischer Tabak bringt Zigarrenraucher auf der ganzen Welt zum Schwärmen – und den Herren in Havanna **dringend benötigte Devisen. Die wollen deshalb nur eins: mehr ernten**

**Text: Jürgen Schaefer**

Keine Videokamera, kein Metallzaun, nicht einmal der Dorfpolizist patroulliert zur Bewachung. Träge erhebt sich der Hausmeister aus seinem Flechtstuhl, fummelt an der Drahtschließe herum und schiebt das Gittertor auf. Quietschend gibt es den Weg frei in das Allerheiligste: die „Estación Experimental del Tabaco de San Juan y Martínez". Äußerlich macht das Staatliche Tabakforschungsinstitut im Herzen von Vuelta Abajo in Kubas Westen wenig her: ein paar einstöckige Bungalows, ein kleines hölzernes Trockenhaus, ein paar Plantagen drumherum. Doch hier nimmt jede echte Havanna ihren Anfang.

Die Ingenieure der Estación züchten jedes Jahr neues, einheitliches Saatgut für die Region, fünf Kilo, ein paar Tüten. Tabaksamen sind winzig und wiegen nur das Zehntausendste eines Gramms, jede Pflanze produziert davon bis zu einer Million. „Hier, nehmen Sie", scherzt Ingenieur Maro Gil, als er eine frisch gepflückte Kapsel aufbricht und dem Besucher Tausende brauner Körnchen in die Hände leert. „In anderen Ländern können Sie damit Geld verdienen."

Die Lässigkeit im Umgang mit dem hochwertigen Saatgut hat Gründe. Zum einen weiß Mario Gil, dass jeder neuartige Samen aus Kuba ohnehin binnen weniger Tage auf den Plantagen der Kapitalisten in der Dominikanischen Republik auftauchen wird. Selbst strengste Bewachung der Estación könnte daran nichts ändern – zu verlockend sind die Profite, die in den USA mit Zigarren zu machen sind, deren Tabak aus „echt kubanischem Samen" stammt. Zum zweiten weiß er, dass den Dominikanern die entscheidende Zutat fehlt, damit aus dem kostbaren Saatgut am Ende Havannas werden: Vuelta Abajo, der berühmteste Tabakgarten der Welt.

Passionierte Zigarrenraucher geraten in Verzückung, wenn sie Vuelta Abajo besuchen, dabei wirkt der Landstrich unspektakulär: ein hügeliges Gelände, in dem jede Senke, jede Biegung der nächsten gleicht. Ochsenpflüge ziehen Furchen in die kaffeebraune Erde. Der Boden besteht zu 70 Prozent aus Sand, ideal für Nicotiana, die sensible Tabakpflanze. Doch die sandige Erde macht den Pflanzern das Leben schwer, jeder Regen schiebt die instabile Krume hangabwärts. Die Bauern errichten kunstvolle Dämme gegen die Erosion und müssen die Erde nach heftigen tropischen Güssen dennoch eimerweise bergauf schleppen. „Wer aus diesem Boden etwas herausholen will, muss Muße haben und ein Künstler sein", sagt Mario Gil.

Der berühmteste der Künstler ist Don Alejandro Robaina, der erste Tabakbauer, nach dem eine Zigarrenmarke benannt wurde: die 1998 eingeführte „Vegas Robaina". Don Alejandro, inzwischen über 80, wohnt am Ende einer ausgewaschenen Staubstraße von Vuelta Abajo in einem Landhaus, kaum größer als die der Kleinbauern der Gegend. Besucher empfängt der freundliche alte Herr mit dem Furchengesicht auf der Terrasse, lässt ihnen Kaffee bringen und frisch gerollte Zigarren vom hauseigenen Dreher; der wurde einzig eingestellt, um Robaina und seine Arbeiter mit Tabakware zu versorgen.

Zum Geheimnis seines Erfolgs sagt Alejandro Robaina, das Land sei von Gott für den Tabak erschaffen worden, ein göttlicher Humus „von der Farbe der Mulatten". Dazu der Regen, nicht zu viel, nicht zu wenig. Doch das allein genügt natürlich nicht. Don Alejandro ist bekannt für seine manische Sorgfalt im Umgang mit den fragilen Pflanzen, und dafür, dass er seinen Arbeitern aus eigener Tasche Rekordlöhne zahlt, um sie zu motivieren. Vor allem aber hat er sich mit unendlicher Geduld dem Anbau verschrieben. Wer Tabak pflanzt, verheiratet sich mit ihm, sagen sie in Vuelta Abajo.

Mit der Muße allerdings ist es vorerst vorbei. Seit fünf Jahren kurbelt Kuba die Zigarrenproduktion in einem Tempo an, dass es Aficionados in aller Welt schwindelt wie nach einem Lungenzug an einer „Cohiba". 1995 produzierten die Fabriken knapp 70 Millionen Premiumzigarren, im Jahr 2000 sollten es mehr als viermal so viel sein: 300 Millionen. In Windeseile erschloss das Landwirtschaftsministerium neue Anbaugebiete, sogar in den Ostprovinzen von Santiago und Holguín, 1000 Kilometer vom Boden und Mikroklima in Vuelta Abajo entfernt.

Im ganzen Land wurden neue Fabriken errichtet. 26 insgesamt, das bedeutete eine Verdoppelung der Kapazitäten in drei Jahren. 2000 neue Dre-

Alejandro Robaina ist Kubas berühmtester Tabakpflanzer

Foto: Antonina Gern

herinnen und Dreher waren nötig, hundertfach ließen sich arbeitslose Krankenschwestern in neunmonatigen Schnellkursen umschulen. Im Januar 2000 schien die Geschäftigkeit keine Grenzen zu kennen.

Einen Monat später gab es keine Tabakblätter mehr, die wichtigsten Fabriken schlossen. Die Natur hatte bei den großen Plänen nicht mitgespielt. Zwar war die Ernte außergewöhnlich gut, Ende März hingen die knapp 20 000 palmstrohgedeckten Trockenhäuser in Vuelta Abajo voller duftender Blätter. Normalerweise bleiben sie dort bis Anfang Mai, werden dann abgenommen und fermentiert. Doch im Frühling 2000 gab es statt der üblichen Gewitter am Nachmittag nur brennende Sonne, bis die Blätter so trocken waren, dass sie bei

Fotos: Holger Keitel (3)

Tabakfelder, Trockenhäuser und die Felskegel *mogotes* prägen die Landschaft um Pinar del Río

der leisesten Berührung rissen. Die Bauern warteten sehnsüchtig auf feuchteres Wetter, das die Blätter für den Transport geschmeidig machen sollte. Vergeblich, denn im Juni hingen die Trockenhäuser immer noch voll. Das wertvollste Gut der Bauern war in Gefahr: die Deckblätter.

Die Deckblätter entscheiden über die Qualität einer Produktion. Im Wesentlichen besteht eine Havanna aus Deckblatt, Unterdeckblatt und Füllung. Obwohl in jeder Zigarre nur zwei Sorten der Tabakpflanze stecken, lassen sich daraus eine Vielzahl von Marken komponieren. Je weiter die Blätter oben an der Pflanze sitzen, desto aromatischer schmecken sie. Außerdem unterscheiden sie sich je nach der Region, in der sie gezogen wurden. Für eine gute Havanna mischt man in der Regel zwei bis fünf verschiedene Blätter als Füllung, um die dann das Unterdeckblatt und schließlich das Deckblatt gewickelt wird.

Füllmaterial gibt es stets mehr als genug, und auch an *subcapa*, dem Unterdeckblatt, herrscht kein Mangel. Als Deckblätter können die Dreherinnen aber nur makellose Qualität gebrauchen: gleichmäßig in der Farbe, seidig im Glanz und elastisch im Griff, ohne Löcher und möglichst ohne Flecken. Die empfindlichen Tabakpflanzen werden dafür gehegt und gepflegt wie Reben in den besten Lagen des Bordeaux: Behutsam gewässert und einzeln an Bindfäden gezogen, wachsen sie unter Gazezelten heran, abgeschirmt von Schädlingen und der stechenden Tropensonne.

Für die Reinheit der Sorten sorgen in allen Anbauregionen der Insel Tabakforschungsinstitute wie die Estación in San Juan y Martínez; sie verhindern, dass die Plantagen genetisch verludern. „Tabak lässt sich leicht kreuzen", sagt Ingenieur Mario Gil, „in den zwanziger Jahren hatte fast jeder Bauer seine eigene Sorte." Für die Fabrikbetreiber in Havanna, die konstante Qualität verlangten, ein unhaltbarer Zustand.

Die Estación kam in ihren Züchtungen im Wesentlichen auf zwei Sorten: „El Corojo" für das Deckblatt und „Criollo" für den Rest. Die Katastrophe trat 1979/80 ein, als der Blauschimmelpilz *peronospara tabacina* die halbe Ernte vernichtete. Die Seuche plagt Tabakbauern überall auf der Welt, Fungizide erweisen sich dagegen weitgehend als wirkungslos. Fieberhaft suchten die Züchter nach resistenten Sorten. Die Kubaner meldeten 1992 erste Erfolge mit einer Sorte, die sie aus Corojo-Pflanzen in Deckblattqualität zogen und „Habanos 2000" tauften. Natürlich waren bald die ersten dominikanischen „Habanos 2000" auf dem Markt. Die Züchtung ist jedes Jahr ein Wettlauf mit den Schädlingen, die ihrerseits mutieren und Pflanzen befallen, die davor als resistent galten. Kubanische Tabakforscher haben inzwischen eine Samenbank mit einigen hundert Sorten – die eine Hälfte lagert in der Estación in Vuelta Abajo, die andere in Cabaiguan im Remedios, einem Anbaugebiet in Mittelkuba.

Mit Hilfe der Gentechnologie wird in der Hauptstadt nach neuen Sorten gesucht. Im Centro de Ingeniería Genética y Biotecnología (CIGB), Havannas riesigem Forschungszentrum, in dem Tausende von Biochemikern, Molekularbiologen, Gentechnikern neue Impfstoffe, Medikamente und genmutierte Lebensmittel entwickeln, werden auch transgene Tabakpflanzen gezogen. Mario Gil hält nicht viel davon: „Jeder kann heute im Labor eine Tabakpflanze züchten, die schöne Blätter hat. Die Frage ist nur: Wenn ich die Blätter trockne, fermentiere, rolle, in den Mund stecke und anzünde – schmeckt es dann auch wie eine Havanna?"

Den Launen der Natur versuchen Gil und seine Kollegen nun mit westlicher Klimatechnik beizukommen: Zwei silbern schimmernde, doppelt mannshohe Türme, die auf dem

**Bevor die Dreherinnen die fermentierten Blätter zu Zigarren rollen, trennen andere Frauen sie vom Gerippe**

Gelände fremd wie Raumschiffe wirken, sind Vorboten einer Invasion, die in Zukunft Vuelta Abajo zu verschandeln droht. „In solchen Klimaschränken“, erklärt Gil, „verkürzt sich die Trockenzeit auf die Hälfte, und die Blätter sind wesentlich einheitlicher und gleichmäßiger.“ Der Anteil guter Deckblätter an einer Ernte könnte damit deutlich erhöht werden.

Das wäre auch notwendig, will man die hoch gesteckten Produktionsziele je erreichen. Mitte 2000 korrigierte „Habanos S.A.“ das Plansoll vorsichtshalber von 300 auf 150 Millionen. Mit „moderaten Steigerungen“ für die kommenden Jahre, wie Vize-

**In vielen Fabriken können Kunden ihre Zigarren auch lagern**

präsident Manuel García ankündigte. Er reagierte damit nicht zuletzt auf Proteste von Rauchern aus aller Welt, denen die nachlässig gerollten Zigarren nicht mehr schmeckten. „Wir hatten doppelt soviele Rückläufe wie üblich“, erinnert sich Michael Blumendeller vom einzigen offiziellen deutschen Havanna-Importeur „Fifth Avenue Products“, „einige ‚Cohibas‘ waren so hart gedreht, dass sie schlicht unrauchbar waren.“ In Zukunft, versicherte García, werde die Qualität wieder absolute Priorität haben.

Trotzdem wird Kuba seinen Ausstoß kontinuierlich erhöhen, um für den Tag X gerüstet zu sein: das Ende des US-Embargos. „Weltweit werden jedes Jahr rund 500 Millionen Premiumzigarren geraucht, davon allein 350 Millionen in den USA“, beschreibt Manuel García den riesigen Markt, der vor Kubas Haustür wartet. Ein Mitarbeiter von Alejandro Robaina scherzt, Europäer würden kaum noch kubanische Zigarren zwischen die Finger kriegen, wenn die Amerikaner erst einmal offiziell Havannas rauchen dürfen. Schon heute sollen jährlich bis zu acht Millionen kubanische Zigarren unter der Hand in die USA gelangen, obgleich der Vertrieb wegen des Embargos strafbar ist. Das meiste kommt als Schmuggelware über die mexikanisch-amerikanische Grenze; aber auch in der Schweiz versehen gewiefte Händler kubanische Zigarren mit falschen Bauchbinden und verschicken sie an Kunden in die USA.

Es gehört zur Vorbereitung auf die Zeit nach dem Embargo, dass Habanos seit Mitte der neunziger Jahre jedes Jahr neue Marken präsentiert: erst „Cuaba“, dann nacheinander „Vegas Robaina“, „Trinidad“, „Vegueros“ und zuletzt „San Cristóbal“. Hintergrund ist ein 40 Jahre alter Streit um die Rechte an den traditionsreichen „Romeo y Julieta“, „Partagás“ oder „H. Upmann“. Anders als in Europa werden die kubanischen Markenrechte in den USA nicht anerkannt, weshalb sich dort dominikanische „Romeo y Julieta“ und „Partagás“ auf dem Markt etabliert haben – und die echten kubanischen Partagás möglicherweise auch nach dem Ende des Embargos nicht zugelassen werden.

Kuba braucht dringend Devisen, und neben der wachsenden Tourismusindustrie ist der Tabakhandel eine der wichtigsten Quellen. Um sie anzuzapfen, werden sozialistische Bedenken über Bord geworfen – schrittweise hält auf Kuba die Marktwirtschaft Einzug. Ende 1999 verkaufte die staatliche Handelsagentur 50 Prozent ihrer Anteile für 500 Millionen Dollar an den spanisch-französischen Tabakgiganten „Altadis“, der ein festes Vertriebsnetz in den USA unterhält. Seit die Kapitalisten im „Habanos“-Büro an Havannas Plaza de Armas eingezogen sind, ist dort plötzlich von Marktforschung und Länderprofilen die Rede.

Die gesamte Produktionskette wird dollarisiert. In einigen Regionen, zum Beispiel in Remedios, sind 100 Prozent des Landes wieder in Privatbesitz. Die Bauern müssen zwar alles zu festen Preisen an den Staat verkaufen, bekommen aber Dollarzuschläge für gute Qualität – ein Eingeständnis der Erkenntnis, dass Qualität leichter zu garantieren ist, wenn die Pflanzer auf eigene Rechnung arbeiten.

Nach dem gleichen Prinzip funktionieren inzwischen die Tabakfabriken, wo überwiegend Frauen Zigarren rollen. Eine Dreherin der zweitbesten Kategorie verdient in der „Partagás“-Fabrik in Havanna 235 Pesos im Monat, das sind rund elf Dollar. Davon könnte sie in der Hauptstadt kaum überleben. Interessant wird der Job durch die 14 Dollar Leistungszulage: Dafür muss sie 120 „Cohiba Robustos“ täglich rollen. Wer einen Tag unentschuldigt fehlt, verliert seinen Monatszuschlag, wer entschuldigt fehlt, muss sein Soll nacharbeiten. Außerdem gehen in den Qualitätskontrollen zurückgewiesene Zigarren von der Leistungszulage ab. Mit der sozialistischen Gemütlichkeit ist es vorbei. Trotzdem stehen junge Frauen Schlange, um sich zu Dreherinnen ausbilden zu lassen. Jobs mit Dollarlöhnen sind begehrt.

In der allgemeinen Hektik bewahren nur wenige noch Ruhe und Überblick. Alejandro Robaina gehört dazu. Habe er je daran gedacht, mehr zu produzieren, also mehr zu verdienen? Don Alejandro blickt über seinen Tabakgarten, den 1936er Ford, lächelt seine Frau an, mit der er seit einem halben Jahrhundert verheiratet ist, lässt einen tiefen Zug aus der Hausgedrehten über die Terrasse tanzen und antwortet mit einer schlichten Gegenfrage: „Mehr? Wozu?“

**Jürgen Schaefer** *ist Reporter der Agentur* Zeitenspiegel *und schreibt regelmäßig über Kuba. Er lebt in New York.*

# Die Champions vom

**Die besten Amateurboxer der Welt kommen aus Kuba. Sie zeichnen sich aus durc[h] und ein Gefühl für Rhythmus, das den Faustkampf zum Tanz macht. An Karriere steht meist ein kleiner Boxring im Gassengeflecht von Havanna Und der Wille, sich nach ganz oben durchzuschlagen**

Text: Peter Burghardt, Fotos: Sven Creutzmann

Wenn kein Training ist, wirkt das „Gimnasio Rafael Trejo" am Ende der Calle Cuba in der quirligen Altstadt wie ein verstaubtes Museum mit einsamem Wärter. Den Eingang von Havannas bekanntester Boxschule schmückt eine Büste des Nationaldichters José Martí, links im Hof baumeln drei Sandsäcke aus hellbraunem Leder an rostigen Fleischerhaken. In der Mitte, unter dem schiefen Wellblechdach mit Neonröhren, wie eine verlassene Bühne der Ring; seinen hölzernen Schwingboden überziehen fleckige Leinentücher, in den Ecken hängen verbeulte Spucknäpfe aus Blech. Und neben der Toilettentür steht eine schmale Bank, die manchmal auch als Bett dient.

„Hier wohne ich", sagt ein schmaler Mann in speckigen Jeans und schmutzigem Hemd ohne Ärmel. Er stellt sich vor: Julio Beldia, 59 Jahre alt. Früher war er selbst Boxer, was man seinem schwerfälligen Gang aber nicht mehr anmerkt. Er will hier sogar den ersten von hundert Kämpfen absolviert haben – 1953, im Alter von zwölf, als dieser Ort, der jetzt einem Revolutionsmärtyrer namens Rafael Trejo gewidmet ist, noch „Piña Caribe" hieß, Karibische Ananas. Als auf der Insel noch das Glücksspiel erlaubt war und das Preisboxen, und die Zuschauer Geld auf schwitzende Körper setzten. „Die 50er Jahre waren anders", murmelt Julio, „ganz anders. Die Leute haben sich verändert, das Boxen hat sich verändert. Man muss das jetzt studieren."

Bei ihm scheint zwischenzeitlich vieles schief gegangen zu sein. Den Zeigefinger der linken Hand hat er bei der Zuckerrohrernte verloren, die blutunterlaufenen Augen sind halb blind, die Stimme ist brüchig. Das Trejo wurde für ihn zur Zuflucht, aber seine traurige Gestalt ist nur ein Schatten in dieser Geschichte, in der es um Kraft gehen soll, um Eleganz, Ehrgeiz, Finesse. Um Kubas stolze Körper.

Gegen Nachmittag kommt Leben in die Kulisse. Schnaufend treiben sechs junge Männer ihre Handschuhe in die Sandsäcke, als hätten die klobigen Widerstände menschliche Reflexe. Sie ducken sich, täuschen an, vertreiben mit ihren kräftigen Haken auch die lästigen Fliegen, die sich auf der feuchten Haut niederlassen wollen. Es ist wie ein Tanz, den jeder für sich allein ausführt, mit kleinen, flinken Schritten. Aus der Nachbarschaft scheppert Salsamusik herüber. Links, rechts, rechts, links. Kurz, lang, lang, kurz. Die Schläge müssen sitzen, morgen beginnen die Stadtmeisterschaften. „Vamos!", ruft Alberto González, einer der beiden Trainer, der ein amerikanisches Käppi trägt und eine Zigarette der einheimischen Marke „Popular" raucht. Sein Kollege Nardo Mestre schaut auf die Stoppuhr und zählt nach ein paar Minuten die Sekunden rückwärts. „Tres, dos, uno." Pause.

Die meisten Klamotten sind nach der ersten Übungseinheit nass, der Schweiß glänzt auf den sehnigen Muskeln, die Hitze steht an diesem Nachmittag zwischen den blassgrünen

# Hinterhof

ärte, durch Technik
nfang ihrer

Gerardo, 19, besucht die Militärschule und kam anfangs nur aus Spaß zum Training in den Boxring „Rafael Trejo". Doch er entpuppte sich als Talent. Nun bereitet er sich auf Wettkämpfe vor

Dieser Kampf ist nur zur Übung. Als Gegner wurden junge Boxer aus Mexiko eingeladen

## Im Ring soll sich die Schlagkraft der Revolution zeigen

Mauern. In den strengen Geruch von Schweiß mischt sich der von frittiertem Fett. In Ländern, wo selbst Provinzklubs in klimatisierte Hallen bitten, wären solche Bedingungen kaum vorstellbar, auch das Wasser aus dem Hahn ist ungenießbar, „trinkt das nicht, verdammt noch mal", brüllt Alberto. Doch dies ist Kuba im Jahr 41 der Revolution, und jeder weiß, dass dieser Patio nach wie vor ein idealer Startplatz sein kann. „Hier sind die besten Boxer Kubas vorbeigekommen", sagt Alberto, der selbst fast die Hälfte seiner 39 Lebensjahre im Trejo verbracht hat.

Kubaner lieben das Boxen, es ist neben Baseball ihr Volkssport. Es vereint ihr Körper- und Rhythmusgefühl mit dem Willen, sich in eine bessere Zukunft durchzuschlagen. Wie Eligio Sardinias aus Havannas Stadtteil Cerro, der später Kid Chocolate gerufen wurde und in den 30er Jahren von seinen 21 Profikämpfen auf Kuba 21 durch k.o. gewann, ehe er nach Amerika ging und dort viel Geld verdiente. Kid Chocolate hatte schnelle Beine und schnelle Arme und einen mächtigen Punch – all das, was kubanische Boxer auszeichnet. Und er war schwarz, wie die meisten Helden in diesem Sport. Nach ihm ist eine Mehrzweckhalle gegenüber von Havannas Capitol benannt, sein Name ist Legende wie der von Teofilo Stevenson, der in den 70er und 80er Jahren im Namen der Revolution die USA ausknockte.

„Boxen ist eine nationale Angelegenheit", sagt Nardo, der zweite Trainer des Trejo. Man könnte auch sagen eine revolutionäre, denn nach 1959 kam staatliche Planung zur karibischen Begabung. Berufsboxen hielt Castro für kapitalistische Dekadenz, aber er entdeckte die organisierte Keilerei als Körperertüchtigung zum Ruhme des sozialistischen Vaterlandes; osteuropäische Experten halfen, in den 60er Jahren eine beeindruckende Medaillenschmiede aufzubauen. Wie ließe sich die Stärke der Revolution handfester demonstrieren?

Kubas Amateurboxer sind die besten der Welt, bei den Olympischen Spielen zwischen 1972 und 1996 eroberten sie 23 Mal Gold, 2000 in Sydney viermal Gold und zweimal Bronze. Zu den größten Momentaufnahmen der kubanischen Sportgeschichte zählt ein Foto aus dem Herbst 1972: Auf dem Weg zum ersten seiner drei Olympiasiege im Schwergewicht schlug der schwarze Hüne Stevenson in München einen weißen US-Amerikaner zu Boden – für einen Augenblick sank dem kleinen Kuba die Großmacht vor die Füße.

Talentsucher brachten Stevenson einst vom Land nach Havanna und ins Trejo; Felix Savon, der nach ihm die Titel abräumte und zweimal Olympiasieger war, machte hier ebenfalls Station. Alberto, der Trainer, legt die Fingerspitzen aneinander: „Unser System ist eine Pyramide.“ Stadtteil-Zentren wie das Rafael Trejo sind die Basis. Die Besten kommen in die Akademie, eine Art Internat, die Allerbesten landen schließlich in der legendären Finca am Stadtrand, wo Nationaltrainer Alcides Sagarra seine gefürchtete Auswahl kaserniert. Vielleicht ist diesmal im Trejo wieder einer dabei, der es an die Spitze schafft. „Wenn sie den Willen haben und sich opfern“, sagt Alberto.

Osmany Barselay sieht zwar so aus – er hat diesen entschlossenen Blick, wenn er seinen Trainern beim Sparring auf die übergroßen Handschuhe trommelt, wenn er die Muskeln dehnt und die rostigen Gewichte stemmt; doch für eine richtige Karriere ist es in seinem Fall wahrscheinlich schon zu spät. Er ist 26. Er fällt auch deshalb auf, weil seine Füße in zerfetzten Segeltuchturnschuhen stecken und seine Haut noch dunkler ist als die der anderen. Er kommt aus Guantánamo, aus dem Osten der Insel, in Havanna lachen sie manchmal über seinen Akzent; „ich bin Immigrant“, sagt er.

Auch Osmany hat früh angefangen – mit elf. War Provinzmeister in der Gewichtsklasse bis 57 Kilo und hat einmal nur knapp gegen einen Boxer aus der Nationalmannschaft verloren. In der Hauptstadt wollte er sich ein neues Leben erboxen, er träumte von Stevenson und Savon, der ebenfalls aus Guantánamo stammt, von glänzenden Medaillen und Flügen in ferne Länder. Sehr weit kam er nicht. Er verkauft Melonen und Mangos und wohnt bei seiner Freundin. Jetzt will er es noch einmal versuchen. Er isst nach Diätplan und schindet sich. „Wenn du Glück hast“, sagt er, „dann fällst du auf.“ Vielleicht reicht es wenigstens zu einem Erfolg am Fuß der Ausbildungspyramide.

Neben ihm schwitzt Jesús Díaz, ein drahtiger Junge mit vernarbtem Gesicht. Er stammt aus Sancti Spíritus und ist 21 Jahre alt, auch er muss sich beeilen. Die Zeit läuft, die Zukunft gehört Kindern wie Daniel und Yasmani, die sich als Zuschauer auf dem ehrwürdigen Boxring fläzen. Daniel ist zehn, Yasmani neun, sie haben Fußball gespielt und Taekwondo versucht – „hat mir nicht gefallen“, verkündet Yasmani, „Boxen ist lustiger.“ Und schmerzhafter? „Den Mutigen tut es nicht weh“, sagt Daniel und macht eine Rolle rückwärts auf die Bretter.

Die Zweifel der Eltern haben die Trainer zerstreut, sie erklären bei ihren Werbevorträgen in den Schulen, dass ordentliches Boxen gesund sei und nichts zu tun habe mit unkontrollierter Prügelei. Yasmani und Daniel besitzen schon einen Mundschutz zu einem Dollar und dicke rote Handschuhe; richtig boxen dürfen sie erst, wenn sie elf sind. „Wir haben aber schon Leute umgehauen“, kreischt Daniel. Sein Vorbild ist Mikro Romero, der Olympiasieger im Fliegengewicht, und Yasmani

## Die Siegerformel: karibisches Talent plus staatliche Förderung

behauptet, Kid Chocolate sei der Urgroßonkel seines Cousins gewesen.

Manchmal fallen im Trejo die Wörter Profi und Miami, fast alle haben Verwandte, die auf die andere Seite der Straße von Florida geflüchtet sind. Yasmanis Vater wohnt drüben und Osmanys Bruder, 1990 ist er weg, auf einem Floß. „Profi sein, das würde mir gefallen", sagt Osmany. Und der alte Julio brummt: „Vielleicht wäre ich einer geworden, wäre raus aus dem Land, hätte Geld verdient."

Berufssportler gibt es unter Castro offiziell nicht, Abtrünnige, die eine Profi-Karriere wählten wie Joel Casamayor oder Juan Carlos Gómez gelten als Verräter. Leuchtendes Vorbild ist wiederum Teofilo Stevenson: Der hatte in seiner besten Zeit das Angebot, für eine Startgage von mindestens einer Million Dollar gegen Muhammed Ali anzutreten – er schlug es mit den Worten aus, zehn Millionen Kubaner seien ihm wichtiger.

90 Meilen nördlich wäre Stevenson ein steinreicher Mann mit Bodyguard. Auf Kuba ist er Angestellter der staatlichen Sportorganisation „Inder" und Vizepräsident des Boxverbandes, hat kein eigenes Büro, und wer ihn in seiner Wohnung an Havannas Stadtrand besucht, findet statt des Modellathleten von einst einen tapsigen großen Jungen, der sich über eine Flasche Rum freut, gern kocht und vom kubanischen Gesundheitssystem schwärmt. „Campeón de todos los tiempos" steht auf einer Vase, in der eine Sonnenblume aus Plastik steckt, Champion für alle Zeiten.

„Bei Profis", sagt Nardo, der Trainer, „da geht es nur ums Geld, das ist kein Sport." Was soll er anderes sagen. Er war einmal Landesmeister in der Gewichtsklasse bis 48 Kilo und durfte mit der kubanischen Staffel in die DDR fliegen, nach Bulgarien, Rumänien, immerhin. Aber er hatte Pech, ein Magengeschwür beendete seine Laufbahn. Ähnlich ging es seinem Kollegen Alberto, der sich die Mittelhand brach, ehe er bei Olympia 1980 in Moskau hätte mitmachen können. Jetzt sind die beiden staatlich geprüfte Sportlehrer, Zulieferer eines Hochleistungsbetriebs, und beziehen dafür den üblichen Hungerlohn, 268 Pesos, kaum zwölf Dollar. „So eine Scheiße", flucht Alberto.

Die Übungseinheit ist zu Ende, die Trainer verschwinden in den verqualmten Büroraum. An der Decke hängen alte Boxhandschuhe, in Pappkisten lagern alte Turnschuhe, auf dem Schreibtisch stapeln sich alte Zettel.

Trainer Nardo Mestre mit Dennis, 11. Der Junge ist Provinz-Vizemeister und wird bald Havannas berühmte Boxakademie besuchen

„Unsere Methoden beruhen auf exakter Planung“, sagt Alberto und kramt in vergilbten Papieren – die Ausweise mit den Daten seiner Boxer. Alter, Gewicht, Größe, Kämpfe. Er doziert über Vorbereitung, Technik, Schnelligkeit, Beweglichkeit, Ernährungslehre, Psychologie. An der Tür hängt die Liste mit den Kandidaten für die Stadtmeisterschaft: Jesús, Osmany, Franklin. 13 Mann insgesamt.

Die Titelkämpfe beginnen anderntags um neun. Gegen zehn ist es in der Mehrzweckhalle „Vicente Ponce“ bereits heiß und stickig wie in einer Waschküche, zumal nur ein Ventilator funktioniert. Man könnte sich Kid Chocolate hier vorstellen, denn auch dies ist ein Ort aus einer anderen Zeit. Der steinerne Boden ist abgewetzt, von den hohen Wänden blättert die Farbe, durch die Dachwinkel dringen Sonnenstrahlen. Die Kommandos hallen, die Stimmung unter den Zuschauern ist für die frühe Stunde nicht schlecht. „Gib's ihm, Feigling“, brüllt einer auf der Tribüne, wo auch Osmany sitzt.

Nardo und Alberto stehen nervös in der hinteren Ecke des Ringes, einer der ihren, Jesús Díaz, Klasse bis 48 Kilogramm, trifft auf einen Rivalen aus dem Stadtteil Vedado. Er taucht ab, tänzelt, fast wie im Training. Als der Gong die erste Runde beschließt, sind die Trainer noch guter Dinge. Alberto fächelt seinem Mann mit einem Handtuch feuchte Luft ins Gesicht, Nardo schüttet abgekochtes Wasser hinterher. Sie flüstern ihm zu. Dann folgt Runde zwei, aber die ist schnell vorbei.

Nach ein paar Sekunden ermahnt der Ringrichter Jesús, weil er sich ständig an seinem Mundschutz zu schaffen macht. Dann trennt er die Gegner. Die Kampfrichter diskutieren, es folgt das Urteil: Abbruch. Jesús soll mehrfach absichtlich den Mundschutz herausgenommen haben, um besser Luft zu bekommen. „Sie mussten ihn disqualifizieren“, sagt Alberto. Es bestärkt ihn in seiner Ansicht, dass Jesús zwar viel Talent hat, aber es sich zu leicht macht. Der Verlierer klettert durch die Seile, Nardo nimmt ihm den Kopschutz ab, Alberto bindet die Handschuhe auf, wickelt die weißen Schutzbänder ab wie Mullbinden. Verloren, verpasst die Chance. Verschwitzt sitzt Jesús in einem hölzernen Klappstuhl, auf den Knien eine weiße Plastiktüte, seine Sporttasche. „Wenn ich das gewusst hätte …“. Hätte er gewinnen können? „Ja.“ Und nun? „Es gibt andere Wettkämpfe.“

Später verliert auch Franklin sein Vorrundenduell, Osmany gewinnt souverän nach Punkten. Als Alberto gegen Mittag auf sein rotes, bremsenloses Fahrrad steigt, um an der Uferpromenade Malecón entlang nach Hause zu fahren, beträgt die Zwischenbilanz der Männer vom Rafael Trejo drei Siege und drei Niederlagen. Er ist nicht unzufrieden. Einer wird schon durchkommen. Einer hat es noch immer geschafft.

**Peter Burghardt,** *ehemaliger Sportredakteur, ist Korrespondent der* Süddeutschen Zeitung *für Spanien, Portugal und Mittelamerika. Er lebt in Madrid.*

Trinidad, die Schöne: Koloniale Kirchen, Strassen und Gebäude der früheren Schmugglerburg und Goldgräberstadt sind komplett erhalten

Die nostalgische Schönheit alter Kolonialstädte, in der Isolation intakt geblieben, unberührte Sierra, feinsandige Strände und Menschen, die trotz Diktatur und Wirtschaftskrise noch Lust am Leben haben, an der Musik und am Tanzen – es ist schwer, Kuba nicht zu verfallen

## LANDESDATEN UND GESCHICHTE

***Fläche*** ............. *110 860 km²*
***Einwohner*** ............. *11 Mio.* *davon sind 37 % Europäer, 51 % Mulatten, 11 % Afrikaner und 1 % Chinesen. Bis Ende des 19. Jhs. wurden rund eine Million schwarze Sklaven und 150 000 chinesische Kulis nach Kuba gebracht.*
***Die größten Städte:***
*Havanna* ............... *2,7 Mio*
*Santiago de Cuba* ........ *350 000*
*Camagüey* .............. *245 000*
*Guantánamo* ............ *180 000*
*Holguín* ................ *180 000*
***Wirtschaft:***
*Zucker, Zigarren, Nickel, Tourismus*

**1492** *Christoph Kolumbus landet in Kuba*
**1511** *Die Spanier erobern Kuba und töten eine Million Ureinwohner*
**1762** *Die Engländer nehmen Havanna ein, geben es aber ein Jahr später im Tausch gegen Florida an Spanien zurück*
**1812** *Der erste große Sklavenaufstand wird niedergeschlagen*
**1827** *Kubas Zuckerindustrie wird bedeutend*
**1848** *10 000 Sklaven kommen bei einem Aufstand ums Leben*
**1868** *Beginn der Unabhängigkeitskriege gegen Spanien. Niederlage der Aufständischen nach 10 Jahren*
**1880** *Abschaffung der Sklaverei*
**1883** *Die erste Zuckerrohrfabrik geht in US-Besitz über, von nun an fließt immer mehr US-Kapital in die kubanische Zuckerindustrie*
**1892** *Der Dichter und Politiker José Martí gründet die Kubanische Revolutionäre Partei für die Unabhängigkeit Kubas*
**1895** *Beginn des letzten Unabhängigkeitskrieges gegen Spanien. José Martí und Anführer Antonio Maceo fallen*
**1898** *Der US-Panzerkreuzer „Maine" explodiert im Hafen von Havanna, die US-Regierung beschuldigt Spanien und erklärt den Krieg. Nach der Niederlage Spaniens wird Kuba der US-amerikanischen Militärverwaltung unterstellt*
**1902** *Die US-Regierung macht aus Kuba eine neokoloniale Pseudo-Republik*
**1925** *Gründung der Kommunistischen Partei Kubas*
**1933** *Sturz des Diktators Gerardo Machado. Fulgencio Batista wird Oberbefehlshaber der Armee*
**1952** *Staatsstreich des Militärs unter Batista. Er regiert diktatorisch im Interesse der USA*
**1953** *Beginn der Revolution am 26. Juli mit dem Sturm auf die Moncada-Kaserne in Santiago. Einer der Anführer ist Fidel Castro. Vor Gericht hält er seine berühmte Rede „Die Geschichte wird mich freisprechen", die zum Programm der oppositionellen Bewegung wird*
**1956** *Castro, nach seinem Gefängnisaufenthalt im Exil in Mexiko, und Ernesto „Che" Guevara landen mit der Yacht „Granma" in Las Colorades und beginnen den Guerilla-Krieg in der Sierra Maestra*
**1959** *Batista flieht. Castro wird Ministerpräsident*
**1961** *Kubas Armee zerschlägt eine von der CIA gelenkte Invasion von Exilkubanern in der Schweinebucht*
**1962** *Die Stationierung sowjetischer Mittelstreckenraketen auf Kuba führt die Welt fast an den Rand eines Weltkrieges. Nach einem Ultimatum der USA ziehen die Sowjets die Waffen wieder ab*
**1965** *Das Zentralkomitee der Kommunistischen Partei Kubas wird gebildet*
**1972** *Kuba tritt dem „Rat für gegenseitige Wirtschaftshilfe" (RGW) bei*
**1976** *Volksabstimmung über eine neue Verfassung: Castro vereinigt die Ämter des Staats-, des Regierungs- und des Parteichefs auf sich*
**1980** *Rund 120 000 Kubaner fliehen nach Florida*
**1989/91** *Kuba verliert seine wichtigsten Handelspartner DDR und UdSSR*
**1990** *Castro ruft den Notstand aus. Rationierung von Strom und Lebensmitteln*
**1993** *Die Regierung hebt das Verbot für den Besitz von Dollars auf und erlaubt einigen Berufsgruppen auf eigene Rechnung zu arbeiten*
**1995** *Castro lässt ausländische Unternehmen ins Land*
**1998** *Papstbesuch bewirkt kurzfristige politische Öffnung Kubas*
**1999/2000** *Internationaler Druck gegen das Wirtschaftsembargo der USA wächst. Der Fall des Flüchtlingsjungen Elián González gerät zum US-kubanischen Politikum, das Fidel Castro für sich entscheiden kann und das für antisozialistische Hardliner zum Eigentor wird*

### AUSKUNFT

**KUBANISCHES FREMDENVERKEHRSAMT**
An der Hauptwache 7, 60313 Frankfurt/Main, Tel. (069) 28 83-22/23, Fax 29 66 64, www.cubainfo.de

**INFOTUR**
Calle Obispo e/ Habana y Compostela, La Habana Vieja, Havanna, Tel. (00 53) (07) 33 33 33

### BOTSCHAFTEN

**IN DEUTSCHLAND**

**KUBANISCHE BOTSCHAFT**
Stavanger Straße 20, 10439 Berlin, Telefon (030) 91 61 68 11, Fax (030) 916 45 53

**IN KUBA**

**DEUTSCHE BOTSCHAFT**
Calle B No. 652 esq. 13, Vedado, Havanna, Telefon (07) 33 25 39, 33 25 69, Fax 33 15 86

**ÖSTERREICHISCHE BOTSCHAFT**
Calle 4 No. 101 esq. 1a, Miramar, Playa, Havanna, Tel. (07) 24 23 94, 24 28 25, Fax 24 12 35

**SCHWEIZER BOTSCHAFT**
5 Ave. No. 2005 e/20 y 22, Miramar, Playa, Havanna, Tel. (07) 24 26 11, 24 27 29, Fax 24 11 48

### NOTFALL

Keine landesweite Notrufnummer



Stand: September 2000. Zur raschen Orientierung wird auf die Planquadrate der großen MERIAN-Karte hingewiesen

## IN HAVANNA

**POLIZEI**
**Tel. 82 01 16**

**FEUERWEHR**
**Tel. 81 11 15**

**KRANKENWAGEN**
**Tel. 24 28 11**

**HILFE BEI AUTOPANNEN**
**Tel. 24 81 -76, - 77 (24 Stunden)**

## INTERNET

**www.cubainfo.de** Deutsche Seite des Kubanischen Fremdenverkehrsamtes. Allgemeine Reiseinformationen, Restaurants, Übernachtung, Routen

**www.cubanacan.cu** Umfangreiche touristische Informationen (engl., frz., span.), nach Regionen geordnet. Hotel- u. Restaurantsuche, Organisation von Touren, Autoverleih

**www.cubanet.cu** Exilkubanische Seite mit sowohl offiziellen als auch unabhängigen Nachrichten und Hintergrund (dt., engl., span., frz.)

**www.maensl.com/cuba** Private Seite (span., engl.) der „Cuba Conexion". Spannende, inoffizielle Informationen aus erster Hand über die Lebenswirklichkeit in Kuba

## REISEINFORMATION

**Anreise** Condor und LTU fliegen je zweimal wöchentlich direkt nach Havanna, Iberia täglich über Madrid, Air France und British Airways zwei- bis dreimal die Woche. Nach Varadero fliegen Condor und LTU zweimal die Woche, einmal die Woche fliegt die Condor Holguín an. Nach Santiago de Cuba gibt es keine Direktflüge. Preise der deutschen Fluggesellschaften: ca 1500 Mark in der Neben- und 2000 Mark in der Hauptsaison; bei Iberia 1200 Mark in der Neben- und etwa 2000 Mark in der Hauptsaison. Für die Einreise reichen ein gültiger Pass und eine Touristenkarte, die man vom Veranstalter bekommt (40 DM). Der Aufenthalt ist auf drei Monate begrenzt, bei der Ausreise sind 20 US-Dollar Flughafensteuer zu zahlen.
**Über Nacht** Individualtourismus ist in Kuba teuer. Inzwischen besuchen jährlich fast zwei Millionen Touristen die große Antilleninsel. Deshalb gibt es außer den traditionellen Kolonialhotels in den Innenstädten hunderte Neubauten entlang der Küste – modern und komfortabel, aber ohne Atmosphäre. Ganz individuell sind private Unterkünfte, die es mittlerweile zu Tausenden gibt (15-50 US$ inkl. Frühstück. Ein Zimmer im komfortablen Mittelklassehotel kostet um die 80 US$ pro Nacht, in der gehobenen Klasse ab 140 US$. Der Service in den Hotels ist besser geworden. Man wird beim Einchecken nicht mehr minutenlang ignoriert und trifft mitunter gar auf zuvorkommende Zimmermädchen.
**Adressen und Straßennamen** Die kubanische Art, Adressen anzugeben, berücksichtigt den schachbrettartigen Grundriss vieler Städte, besonders in Havanna: Ein Hotel an der Straße L, das zwischen den Parallelstraßen 23 und 25 liegt, wird mit der Abkürzung e/ (span. entre = zwischen) angegeben: Calle L e/ 23 y 25. Liegt ein Gebäude an einer Ecke, wird die Abkürzung esq. (span. esquina = Ecke) benutzt. Ein Haus an der Ecke von San Lázaro und der Avenida de Italia hat die Adresse: San Lázaro esq. Ave. de Italia, oder sogar nur: San Lázaro y Ave. de Italia.
**Telefon** Telefonverbindungen von Deutschland nach Kuba sind durchweg schlecht, und die Nummern ändern sich häufig. Wer sicher gehen will, lässt sich durch einen Operator verbinden (Tel. 01 80/200 10 33). Der Service ist teuer, aber zuverlässig (9,50 DM Vermittlungsgebühr plus 3,14 DM/Min.) Die Null der Ortsvorwahl wird bei Gesprächen aus dem Ausland weggelassen.
**Verkehrsmittel** *Über Land:* Busreisen sind relativ günstig und bequem, die Agentur „Víazul" hat Büros in allen größeren Städten, die klimatisierten Busse fahren pünktlich ab. Víazul-Information in Havanna: Ave. 26 y Zoológico, Nuevo Vedado, Telefon (07) 81 14 13, www.viazul.cu. Von Havanna fahren Busse mehrmals täglich nach Varadero (10 US$), Viñales (12 US$), Trinidad (20 US$) und Santiago de Cuba (51 US$).
*Zugfahren:* Noch günstiger, selbst im klimatisierten Touristenzug. Die Fahrt von Havanna nach Santiago de Cuba kostet 43 US$ und dauert rund 14 Stunden (19.30 - 9.10 Uhr) – wenn sie planmäßig verläuft, was selten der Fall ist. Der Zug hält in sämtlichen Provinz-Hauptstädten. Tickets am Bahnhof: Agentur LADIS, Estación Central, Calle Arsenal in der Altstadt, Tel. (07) 61 42 59.
*Mietwagen* kosten ab 50 US$ am Tag, man sollte mindestens einen Tag vorbestellen, da die Auswahl sonst sehr klein ist. Die größten staatlichen Agenturen heißen „Havanautos" und „Transautos" und sind in fast allen großen Hotels vertreten. Internationale Agenturen wie „Hertz" oder „Avis" gibt es nicht. Verkehrsstaus oder Parkplatzprobleme gibt es so gut wie nie. Doch weil die Straßen oft gewaltige Schlaglöcher haben und nachts nicht beleuchtet sind, empfiehlt es sich, nur tagsüber zu fahren.
*Flüge:* Die nationalen Fluglinien Cubana und Aerocaribbean fliegen mit betagten russischen Maschinen, Aerotaxi und Aerogaviota sind die kleineren Charter-Fluglinien, deren einmotorige Flugzeuge genauso alt sind und meist Platz bieten für acht bis zwölf Passagiere. Cubana und Aerocaribbean haben ihre Büros in Havanna an der Rampa, Calle 23, No. 64, Ecke Calle P, Tel. (07) 33 39 11. Ein Flug von Havanna nach Santiago kostet rund 100 US$.
*Taxis* findet man an den Hotels, sie heißen „Touristaxis" oder „Havanataxis", die günstigeren „Panataxi", Telefon (07) 55 55 55, alle haben Taxometer. GranCar ist eine staatliche Agentur mit Oldtimer-Taxen, Tel. (07) 33 56 47, in Havanna findet man sie in der Altstadt vor den Hotels Inglaterra und Plaza am Parque Central. *Colectivos* sind private Sammeltaxen, fast alle ebenfalls Oldtimer. In Havanna fahren sie am Capitolio in alle Richtungen, die Fahrt kostet, egal wohin, 50 Cent. Offiziell dürfen die Chauffeure keine Ausländer mitnehmen, tun es aber meist trotzdem.
**Geld** Landeswährung ist der kubanische Peso (=100 Centavos). In Hotels und Restaurants mit internationalem Publikum ist der US-Dollar einziges Zahlungsmittel, hier kann man meist auch mit Kreditkarten bezahlen (Visa und Eurocard; American Express wird nicht akzeptiert). Dem Dollar gleich gestellt ist der Peso Convertible, den man manchmal als Wechselgeld bekommt, wenn die echten Dollars ausgegangen sind. In Kuba werden sie überall akzeptiert, vor der Ausreise sollte man sie aber wieder eintauschen. Die offiziellen Wechselstuben, *Casas de Cambio,* tauschen Dollars gegen Pesos (1:20), mit denen man allerdings nur die Fahrt im *Colectivo*-Taxi oder Fleisch und Gemüse auf den Bauernmärkten bezahlen kann. In den großen Hotels (in Havanna u.a. „Habana Libre" und „Nacional") bekommt man auf Kreditkarte (ohne Geheimnummer) und gegen Travellerschecks Bargeld.
**Gesundheit** Impfungen sind nicht erforderlich. Wer ernsthaft krank wird, geht in eins der internationalen Krankenhäuser, die es in jeder größeren Stadt gibt (in Havanna das Cira García, Ave. 41, Calle 20, Playa, Tel. (07) 33 28 -11 bis -14) und denen auch Apotheken angeschlossen sind. Die medizinische Versorgung ist gut. Man bezahlt in US$. Außerhalb der Städte sind die Medikamente knapp – Reiseapotheke mitnehmen.
**Klima und Reisezeit** Tropisch mit hoher Luftfeuchtigkeit zwischen 70 und fast 90 Prozent, im Durchschnitt liegen die Temperaturen zwischen 25 und 30 Grad, die Wassertemperaturen zwischen 24 und 27 Grad. Die besten Reisezeiten sind Frühling und Herbst mit Temperaturen um 28 Grad. Die Sommermonate Juni-August können vor allem im Osten brütend heiß sein. Im Winter sorgt bisweilen eine Kaltfront für eine kühle Woche mit Temperaturen um 15 Grad.
**Strände** Das Wasser ist badewannenwarm, hellblau oder smaragdgrün und sehr salzig. Der Sand ist weiß und fein. In den 90er Jahren wurden hunderte Hotels gebaut, die sich aber unauffällig hinter den Stränden ducken, Gedränge gibt es nirgends. Wer Strandurlaub machen möchte, bucht günstig pauschal in einem deutschen Reisebüro.
**Zeitverschiebung** MEZ -7 Stunden

# HAVANNA

## ÜBER NACHT

**HOTEL SANTA ISABEL**
**Plaza de Armas, Calle Baratillo No. 9 e/ O'Reilly y Narciso López, Habana Vieja, Tel. (07) 33 82 01, Fax 33 83 91, 27 Zimmer, DZ ab 150 US$** Restauriertes Fünf-Sterne-Hotel an der Plaza de Armas, Bar im traumhaften Patio, Dachterrasse mit Blick über Hafen und Altstadt

**HOSTAL VALENCIA**
**Oficios No. 53, esq. Obrapia, Habana Vieja, Tel. (07) 67 10 37, Fax 33 56 28, 12 Zimmer, DZ 60 US$** Einstiges Wohnhaus im Kolonialstil; große Zimmer, tropisch begrünter Patio. Das Restaurant serviert erstklassige Paella

**CONDE DE VILLANUEVA HOSTAL DEL HABANO**
**Calle Mercaderes No. 202, esq. Lamparilla, Habana Vieja, Telefon (07) 62 92 93 und -94, Fax 62 96 82, E-Mail: HCONDE@IP.ETECSA.CU, 9 Zimmer, DZ ab 130 US$** Das kleine Hotel im sanierten Teil der Altstadt ist etwas für Zigarrenliebhaber: Schwere Ledersessel im Patio, begehbarer Humidor und ein Zigarrenladen „Casa del Habano"

**HOTEL AMBOS MUNDOS**
**Calle Obispo No. 153, esq. Mercaderes, Habana Vieja, Telefon (07) 60 95 30, Fax 60 95 32, 40 Zi., 3 Suiten, DZ ab 90 US$** Bevor Hemingway seine Finca kaufte, lebte er hier Anfang der 40er Jahre. Schöne Dachterrasse mit Restaurant und Blick über die Altstadt, restaurierte Bar

**HOTEL NACIONAL**
**Calle O esq. 21, Vedado, Telefon (07) 33 35- 64 bis -67, Reservierung: 55 02 94, Fax 33 51 71, E-Mail: ejecut@gcnacio.gca.cma.net, 457 Zi., 15 Suiten, DZ ab 140 US$** Hoch über der Uferpromenade Malecón gelegen, stiegen hier einst Berühmtheiten wie Ava Gardner, Winston Churchill, Frank Sinatra und Johnny Weissmuller ab. Vor Jahren komplett renoviert, zwei Pools und einen gepflegten Park, Konferenzräume, Bank und Internet

**COPACABANA**
**Ave. 1 e/ 44 y 46, Miramar, Telefon (07) 33 10 37, Fax 33 28 46, 172 Zimmer, DZ ab 110 US$** Anfang der 90er direkt am Meer gebaut. Post, Konferenzräume, Internetzugänge

**HABANA LIBRE**
**Calle L e/ 23 y 25, Vedado, Tel. (07) 33 40 11, Fax 33 31 41, 576 Zimmer, DZ ab 160 US$** Das ehemalige Hilton ist ein uncharmanter Bau der 50er Jahre, innen aber gediegen. Fidel Castros Regierung residierte während der Revolution im 23. Stock

**HOTEL INGLATERRA**
**Prado No. 416, esq. San Rafael, Tel. (07) 33 85 93 bis -97, Fax 33 82 54, 83 Zi., DZ ab 160 US$** 130 Jahre alt und verführerisch schön mit maurischen Fliesen in Bar und Restaurant

## PRIVATUNTERKÜNFTE

Havanna hat einige hundert Privatunterkünfte, einzelne Zimmer oder komplette Wohnungen, die Preise liegen zwischen 20 und 50 US$ pro Nacht. Wer legal vermietet, hat einen Aufkleber an der Tür: „Arrendador Inscripto", eingetragener Vermieter. Jeder Kubaner kennt Nachbarn oder Freunde, die vermieten

## ESSEN UND TRINKEN

**LA BODEGUITA DEL MEDIO**
**Empedrado No. 207 e/ San Ignacio y Mercaderes, Habana Vieja, Tel. (07) 57 13 74** Szenelokal – voll, heiß und laut mit deftigem Essen, zur Straße hin die legendäre Bar, in der Hemingway seine *mojito*-Mixdrinks kippte

**CASTILLO DE FARNÉS**
**Calle Monserrate No. 361 esq. Obrapia, Habana Vieja, Tel. (07) 63 12 60** Über 100 Jahre alt, rustikales Ambiente, preiswerte spanische Küche. Fidel Castro war hier als junger Rechtsanwalt Stammgast

**LA MINA**
**Obispo esq. Oficios, Plaza de Armas in Habana Vieja, Telefon (07) 62 02 16, tgl. 12-24 Uhr** Traditionelle, kubanische Gerichte im tropischen Patio mit freilaufenden Pfauen

**EL RANCHO PALCO**
**Calle 19 esq. 140, Playa (gegenüber dem Palacio de las Convenciones), Tel. (07) 33 19 84, tgl. 12-24 Uhr** Das beste Restaurant der Stadt liegt in einem kleinen Wald. Sehr gute Steaks und Fischgerichte, ca 20 US$

**LA DIVINA PASTORA**
**Parque histórico militar Morro-Cabaña, Habana del Este, Telefon (07) 33 83 41, tgl. 12-23 Uhr** Man sitzt spektakulär in der Festung La Cabaña. Empfehlenswert: Fisch

**EISDIELE COPPELIA**
**➤ s. S. 48**

## PALADARES

**LA GUARIDA**
**Calle Concordia No. 418 e/ Gervasio y Escobar, Centro Habana, Tel. (07) 62 49 40** In der Künstlerwohnung wurde der Film „Erdbeer und Schokolade" gedreht, jetzt gehören wohlhabende Kubaner, Diplomaten und Geschäftsleute zu den Stammgästen. Gute kubanische Küche, reservieren!

**LA ESPERANZA**
**Calle 16 No. 105 e/ Ave. 1 y 3, Miramar, Telefon (07) 22 43 61 (reservieren, nur drei Tische), tgl. 12-16 Uhr und 19-23.30 Uhr, Do Ruhetag** Hubert und Manolo führen das schönste Paladar in Havanna: Geschmackvoll eingerichtetes Wohnzimmer, perfekte Cocktails, gute Weine und hervorragendes Essen

**HURÓN AZUL**
**Humboldt No. 153 esq. P, Vedado, Tel. (07) 79 16 91** Gutes Essen in feiner Umgebung, beliebt bei Künstlern

## NACHTLEBEN

**CABARÉT TROPICANA**
**Calle 72 e/ 41 y 45, Marianao, Tel. (07) 27 15 84, Showbeginn 22 Uhr, 60 US$ Eintritt** Berühmte, professionelle Musik- und Tanzshow

## SALSA

Hier spielen die bekanntesten kubanischen Salsa-Bands am Wochenende:

**CAFÉ CANTANTE**
**Disco und Livemusik unter dem Teatro Nacional, Paseo esq. 39, Tel. (07) 33 57 13**

**CASA DE LA MÚSICA**
**Calle 20 No. 3308, esq. 35, Miramar, Tel. (07) 24 04 47**

**LA CECILIA**
**5 Ave. e/ 110 y 112, Miramar, Telefon (07) 24 15 62**

**SALON ROSADO BENNY MORÉ DE LA TROPICAL**
**Ave. 41 y 46, Playa, Tel. (07) 29 09 85** Wer Glück hat, erlebt hier Los Van Van, dann ist die Open-Air-Arena brechend voll mit tanzenden Kubanern

**CAFÉ DEL ORIENTE**
**Plaza San Francisco, Calle Oficios No 112, esq. Amargura, Habana Vieja, Tel. (07) 66 66 86, tgl. rund um die Uhr** Edle Bar mit Pianomusik

## COCKTAILS

*„Er hatte doppelte Daiquiris getrunken, von den großen, die Constante in überfrorenen Gläsern servierte, so dass sie nicht nach Alkohol schmeckten, und wenn man sie herunterkippte, schmeckten, als führe man mit Skiern einen verschneiten Gletscher hinunter, und der sechste oder achte schmeckte, als führe man einen Gletscher hinunter und wäre nicht angeseilt."*
(Ernest Hemingway, „Inseln im Strom")

*Mojito* mit Havana Club – die Firma hat das Monopol auf den Export

Entscheidende Zutat für jeden kubanischen Cocktail ist weißer Rum aus Zuckerrohr – meist der weiße, bis zu 18 Monate gereifte Rum. Ältere Varianten lagern drei, fünf, sieben oder sogar 15 Jahre. In Kuba beliebt sind „Ron Matusalem", „Ron Varadero" und „Ron Hemingway".

**BERÜHMTE COCKTAILS SIND:**

**Cuba libre:** Der Slogan der Unabhängigkeitsbewegung „Freies Kuba" verewigt sich in einem großen Cocktailglas mit 9 cl weißem kubanischem Rum, aufgefüllt mit Cola und einigen Spritzern Limettensaft

**Mojito:** Der nationalste Drink der Insel. Ein halber Teelöffel feiner Zucker, Saft einer halben Limette, frische Minze, 6 cl weißer Rum, Sodawasser, Eis

**Daiquiri:** Direkter Abkömmling des Chanchanchara, der in den Eisenminen der Südprovinz Oriente erfunden wurde. Viel gestoßenes Eis, Limettensaft, Rum und Zucker im Champagnerglas

**Daiquiri frappé:** Die feinere Variante mit 3 cl Rum, Zitronensaft und Maraschino. Hemingway bewältigte angeblich 12 davon auf einmal

**Habana loco:** Diplomatische Mischung aus kubanischem Rum und US-Limonade: ein Fünftel Rum, vier Fünftel Orangina, Eis, Orangenscheiben

**EL GATO TUERTO**
**Calle O No. 14, e/ 17 y 19, Vedado, Telefon 66 22 24 u. 55 26 96** Kühler, eleganter Nachtclub mit Bolerosängern und Piano

**LA ZORRA Y EL CUERVO**
**Calle 23 e/ N y O, Vedado, Tel. (07) 66 24 02** Latin Jazz vom Feinsten

**CASA DE LA CULTURA DE LA HABANA VIEJA**
**Calle Amargura esq. Aguiar, Tel. (07) 63 48 60** Treffpunkt der Habaneros jeden Alters, freitags u. samstags Livemusik (Cha-Cha-Cha, Mambo, Salsa). Hierher kommt nur sehr selten ein Tourist

### TANZEN LERNEN

**AGENTUR TOURCOM**
**Telefon (07) 33 47 34, Fax 33 47 35 u. E-Mail tourcom@ip.etecsa.cu** Tanzkurse für Salsa, Merengue, Mambo und Cha-Cha-Cha sowie Perkussionsunterricht in morbidem Ambiente bei Kubanern, die es wirklich können

### SEHENSWERT

**STADTRUNDGANG DURCH HAVANNA**
➤ s. S. 48

**GRAN TEATRO DE LA HABANA**
**Paseo del Prado esq. San Rafael, Habana Vieja, Telefon (07) 61 30 78, Führungen Fr u. Sa 20.30, So 17 Uhr** Üppig dekorierter Prachtbau im Neobarock mit Säulen, Erkern, Kuppeln, Skulpturen. Sitz der Oper und des Nationalballetts unter der Leitung der berühmten Alicia Alonso

**ZIGARRENFABRIK PARTAGÁS**
**Industria No. 520, Centro Habana, Telefon (07) 33 80 60, Führungen Mo bis Fr 10 bis 14 Uhr** Schönste Zigarrenfabrik Kubas, in der man jeden Schritt der Produktion sehen kann

**CALLEJON DE HAMEL**
**San Lázaro e/ Concordia, Centro Habana** Mit Altären und Wandgemälden der afrokubanischen Religion geschmückte Gasse, So um 12.30 Uhr Trommelveranstaltung

**MALECÓN**
Die Uferpromenade, 1926 fertiggestellt, verbindet Habana Vieja, Centro Habana, Vedado und Miramar miteinander und ist die Seele der Stadt: Hier treffen sich Liebespaare, Schwarzmarkthändler, Musiker, Angler, badende Kinder, Santería-Anhänger und Touristen

**BAUERNMÄRKTE**
In jedem Viertel gibt es Di-Sa 8-18 Uhr einen Bauernmarkt. Gemüse, Obst, Fleisch und Gewürze sind hier billiger als in Dollar-Supermärkten. Man kann mit US$ oder Pesos bezahlen (umzurechnen 1 US$=20 Pesos). Sehenswerte *mercados* in Havanna:

**Plaza de Cuatro Caminos, Calle Cristina esq Matadero, Centro Habana**
**Calle 19 esq. B, Vedado**
**Calle 42 esq. 19, Miramar**

**EL BARRIO CHINO**
**Calle Zanja esq. Rayo, Centro Habana** Nach Abschaffung der Sklaverei waren Chinesen willkommene, billige Arbeitskräfte. Im chinesischen Viertel wurde vor ein paar Jahren eine Straße für den Verkehr gesperrt. Dort reihen sich Cafés und Restaurants aneinander, Zauberer und Musiker zeigen ihre Künste

### MUSEEN

**MUSEO DE LA REVOLUCIÓN**
**Calle Refugio No.1 e/ Monserrate y Zuleta, Habana Vieja, Telefon (07) 62 40-91 bis -96, Di-So 10-17 Uhr, Eintritt 3 US$** Im ehemaligen Präsidentenpalast wird die Geschichte Kubas vom Unabhängigkeitskrieg im 19. Jh. bis zum Sieg Castros gezeigt. Im Glaskasten nebenan die Yacht Granma, mit der Castro und seine Verbündeten 1956 in Kuba landeten

**MUSEO DE LOS ORISHAS**
**Prado No. 615 e/ Monte y Dragones, Centro Habana, Tel. (07) 63 59 53, tgl. 9-17 Uhr** Im größten Museum für afrokubanische Religion in Kuba findet man Kunstgalerie, Bibliothek und am Wochenende Tanz und Musik

**MUSEO DE LA CIUDAD**
**Plaza de Armas, Calle Tacón e/ Obispo y O´Reilly, Habana Vieja, Tel. 61 28 76, Di-Sa 9-17, So 9-13 Uhr** Das Stadtmuseum, einst Palast der Generalkapitäne, ist ein prächtiger Kolonialbau aus dem 18. Jh., der Innenhof einer der schönsten Havannas. Am Wochenende Dichterlesungen oder kleine Konzerte

**MUSEO ERNEST HEMINGWAY**
**Finca Vigía, im Vorort San Francisco de Paula, Telefon (07) 33 53 35, Mo, Mi-Sa 9-16.30 und So 8-12 Uhr, Eintritt 3 US$** Durchs Fenster schaut man in die Räume, die der Schriftsteller in den 40er Jahren bewohnte

**MUSEO NACIONAL DE LA MÚSICA**
**Calle Capdevilla No. 1 e/ Aguiar y Habana, Habana Vieja, Telefon (07) 61 98 46, Di-Sa 9-17, So 8-12 Uhr** Sehenswert, vor allem die Sammlung afrikanischer Trommeln aus dem 19. Jh.

**MUSEO DE ARTE COLONIAL**
**Calle San Ignacio No. 61, Plaza de la Catedral, Habana Vieja, Tel. (07) 62 64 40, Mo und Mi-Sa 9-16.30, So 9 bis 12.30 Uhr** Einst war hier die Rumfabrik „Havana Club" untergebracht, heute sind im Museum kreolische Kunst, Möbel und Details des kolonialen Baustils zu sehen

**FUNDACIÓN HAVANA CLUB**
**Ave. del Puerto esq. Calle Sol, tgl. 9 bis 18 Uhr (Museum, Eintritt ca. 10 DM), 9-24 Uhr (Bar)** Alles über kubanischen Rum; Geschichte, Herstellung, Verkostung. Im Innenhof Livemusik, Ausstellungen kubanischer Künstler im 2. Stock

### STRÄNDE

**PLAYAS DEL ESTE**
Östlich von Havanna. Hier tummeln sich am Wochenende die Habaneros, laut und lustig, mit Picknick-Korb, Rum und Ghettoblaster, tanzend bis in die Nacht. Am schönsten ist der Strand Santa María etwa 20 km von Havanna entfernt oder noch ein paar Kilometer weiter, dafür etwas ruhiger, Guanabo (E 2)

### AUSFLUG NACH COJIMAR

Das beschauliche, immer noch bescheidene Fischerdorf liegt rund 10 km östlich von Havanna und war Schauplatz von Ernest Hemingways berühmtem Roman „Der alte Mann

Familienbewusste Kubaner: gemeinsame Mahlzeiten werden gepflegt

## ESSEN IN FAMILIÄREM RAHMEN

**Paladar heißt auf Deutsch „Geschmack" oder „Gaumen", aber in Kuba ist damit ein privates Restaurant gemeint. Und privat heißt in diesem Fall meist: Man sitzt im Wohnzimmer (oder auf dem Balkon) - der Wirte. Erlaubt sind die Privatlokale, die ihren Namen aus einer brasilianischen *telenovela* haben, mit Unterbrechungen seit 1993. Doch dass sie allzu gute Geschäfte machen, versucht die Regierung durch eine Vielzahl von Regeln zu verhindern. Die Betreiber müssen eine Lizenz erwerben, dürfen nur Familienmitglieder beschäftigen (die auch eine Lizenz brauchen), und nicht mehr als 12 Stühle aufstellen. Mit der letzten Regel nehmen es Wirte nicht immer genau: Bei Kontrollen müssen Gäste dann schnell mit dem Teller in der Hand in der Küche verschwinden**

Baracoa: Das wilde Land zwischen Bergen und Meer am äußersten Ostzipfel war lange Zeit fast vergessen

und das Meer". Der alte Mann hieß Santiago und lebt nicht mehr, aber Hemingways Bootsmann Gregorio Fuentes, inzwischen 102 Jahre alt, wohnt noch im gleichen einfachen Häuschen zwei Querstraßen vom Restaurant „Terraza" entfernt. Von dort aus blickt man auf die kleine Bucht, in der Hemingways Yacht „Pilar" lag. Ein paar Schritte den Hügel hinunter steht im Gedenken an den Nobelpreisträger und Wahlkubaner seine Büste (D/E 2)

## DER WESTEN

### PINAR DEL RÍO UND VIÑALES

Die Stadt Pinar del Río wird wegen ihrer Kolonialarchitektur auch „Stadt der Säulen" genannt. Im benachbarten Viñales-Tal wächst der beste Tabak der Welt (C 2/3)

#### ÜBER NACHT

**HOTEL LOS JAZMINES**
**Carretera de Viñales km 25, Viñales, Telefon (082) 93 62 05, 62 Zimmer und Cabañas, DZ ab 50 US$** Spektakulärer Blick auf das Tal mit Tabakplantagen, Palmen und Bananenstauden zwischen den eigentümlichen *mogotes*, riesigen Kalksteinfelsen, die nur hier vorkommen

#### ESSEN UND TRINKEN

**CASA DE DON TOMÁS**
**Valle de Viñales, Telefon (082) 931 14, tgl. 10 - 24 Uhr, Hauptgericht um 8 US$** Ältestes Holzhaus des Dorfes, das Lokal auf zwei Etagen, wunderschön bepflanzter Patio, gute, dezente Livemusik im Restaurant, deftige kubanische Küche

**CASA DEL MARISCO**
**Carretera a Puerto Esperanza km 38, Cueva del Indio, Viñales, geöffn. tgl. 8 - 22 Uhr, 10 US$** Traumhaft gelegen in sanfthügeliger Landschaft. Spezialität sind Meeresfrüchte

#### SEHENSWERT

**ZIGARRENFABRIK FRANCISCO DONATIEN**
**Calle Maceo No 157, Pinar del Río, So geschl.** 80 Zigarrenroller drehen für den Export, der Tabak kommt aus dem benachbarten Viñales-Tal

**VIÑALES-TAL**
Rund 20 Kilometer von Pinar del Río entfernt liegt das Tal von Viñales, auf dessen fruchtbarer roter Erde Reis, Zitrusfrüchte, Zuckerrohr und vor allem Tabak gedeihen. Von hier stammen die kostbaren Capas, Deckblätter, deren Qualität Aficionados in aller Welt begeistern. Sie werden in Holzhütten getrocknet. Eine Tropfstein-Höhle, die Cueva del Indio, kann per Boot besichtigt werden. Das Hotel Jazmines organisiert Touren durchs Tal, zu Fuß oder zu Pferde

### CAYO LEVISA

Winzige Insel vor der Nordküste westlich von Pinar del Río. Das Boot legt um 10 und um 18 Uhr nahe Bahía Honda in Palma Rubia ab, die Überfahrt dauert etwa eine halbe Stunde und kostet 5 US$. In Cayo Levisa (Abfahrt jeweils um 10.30 und 18.30 Uhr) gibt es ein Hotel mit einfachem Restaurant (C 2)

**HOTEL CAYO LEVISA**
**Telefon (07) 66 60 75, 20 Cabañas, DZ 60 US$** Drei Kilometer Sandstrand direkt vor der Tür, Mangrovenwälder, Delfine in der Bucht und sonst nichts

### LAS TERRAZAS UND SOROA

Die Resorts liegen in der Sierra del Rosario zwischen Havanna und Pinar del Río. Las Terrazas wurde von der Unesco als Biosphären-Reservat ausgezeichnet und ist Kubas Ökotourismus-Vorzeigeprojekt. Interessant für Wanderungen und Birdwatching (D 2)

**HOTEL MOKA**
**Las Terrazas, Tel. (082) 529 21, Fax 27 81 26, DZ 90 US$**

### ISLA DE LA JUVENTUD

Die Insel im Südwesten geriet nach ihrer Entdeckung durch Kolumbus in Vergessenheit und diente 400 Jahre lang Piraten und entlaufenen Sklaven als Versteck. Taucherparadies (D 3/4)

#### ÜBER NACHT

**EL COLONY HOTEL**
**Marinas Puertosol, Carretera de Siguanea km 46, Telefon (061) 982 82, 981 81, 67 Zi., DZ 46 US$ mit Frühstück** Idealer Ausgangspunkt für das in der ganzen Karibik berühmte Tauchrevier auf der Isla

#### ESSEN UND TRINKEN

**EL CORDERITO**
**Calle 39 y 22, Nueva Gerona, Tel. (061) 224 00** Spezialität Lammfleisch, Gericht um 10 US$

### CAYO LARGO

38 Quadratkilometer Insel mit acht Hotelanlagen südlich der Provinz Matanzas, 140 km westlich der Isla de la Juventud gelegen. Täglich Flüge von Havanna für rund 120 US$. Vom kleinen Yachthafen aus kann man Ausflüge zum Hochseeangeln oder zur kleinen Nachbarinsel Cayo Iguana mit seiner frei lebenden Leguan-Kolonie machen (E/F 4)

**HOTEL VILLA CORAL**
**Cayo Largo del Sur, Tel. (082) 481 11, Fax 482 01, 66 Zimmer, DZ 156 US$ alles inklusive**

### VARADERO

Zwanzig Kilometer Sandstrand auf der Halbinsel Hicacos, gesäumt von Prachtvillen amerikanischer Millionäre der zwanziger Jahre, einige davon mit Golfplatz, Flughafen und Park. Auch Kubas Diktator Batista und Mafiaboss Al Capone hatten ihre Paläste mit Privatstrand. Nach der Revolution öffnete Castro die Strände fürs Volk, aus den Villen wurden meist Hotels. Doch seit den 90er Jahren sind die ausländischen Touristen wieder unter sich (F 2)

**CLUB MED VARADERO**
**Autopista Sur km 11, Varadero/Matanzas, Tel. (052) 668 - 288, -341, Fax 66 84 14, 266 Zi., 1190 DM pro Woche und Person inkl. Vollpension, American Express, Thomas Cook, Visa, Master** Stilvolles Clubdorf am Strand mit überwiegend jungen Gästen. Einführungskurse für Salsa, Segeln, Tennis u.a. im Preis enthalten

**SUPERCLUB VARADERO**
**km 3 Carretera Las Américas, Tel. (052) 66 70 30/1, Fax 66 70 05, 270 Zi., 120 US$ alles inklusive pro Person**

**BELLA COSTA**
**km 4 Carretera de las Américas, Tel. (052) 66 75 60, Fax 66 75 61, 307 Zi., 120 US$ pro Person**

#### AUSFLUG NACH CÁRDENAS

Cárdenas hatte weniger Probleme als andere kubanische Städte, als die UdSSR und die Ostblockländer als Handelspartner wegkippten, Benzin und Energie knapp wurden. Denn Cárdenas, mit dem Taxi 20 Minuten von Varadero entfernt, war schon immer die Stadt der Kutschen und Fahrräder. Wer genug hat von Sonne und Sand, sollte sich mal einen Nachmittag lang durch die Straßen treiben lassen, wo die Bewohner selbst Möbel, Schweinehälften und Geburtstagstorten auf dem Fahrrad transportieren. Sehenswert: die Rumfabrik „Arechabala" oder Bauern-Kooperativen, die vor einigen Jahren anfingen, einfache Biogasanlagen zu bauen und seither aus Schweinemist Energie produzieren, mit der sie ihre Gasherde betreiben (F 2)

## ZENTRAL-KUBA

### TRINIDAD

Die Unesco erklärte die Stadt am Fuß des Escambray-Gebirges zum Weltkulturerbe. Trinidad ist ein lebendiges Museum: koloniale Bauten, Kutschen, Kopfsteinpflaster (G 4)

#### ÜBER NACHT

**MOTEL LAS CUEVAS**
**Santa Ana, Trinidad, Tel (04 19) 36 24 u. 23 40, 114 Zi., DZ 40 US$** Auf einem Hügel über der Stadt, schöner Blick, sehr ruhig

arte
USA
Atlantischer Ozean
Golf von Mexiko
Bahamas
Bahama Inseln
La Habana (Havanna)
Kuba
Dominikanische Republik
Jamaika
Haiti
Puerto Rico (USA)
Kleine Antillen
Große Antillen
Mexiko
Belize
Guatemala
Honduras
El Salvador
Nicaragua
Karibisches Meer
Pazifischer Ozean
Costa Rica
Panama
Kolumbien
Venezuela
Autobahnähnliche Straße
Fernverkehrsstraße
Hauptstraße
Nebenstraße
Entfernung in Kilometer
Sehenswürdigkeit
Leuchtturm
Höhle
Strand
Flughafen
Flugplatz
Naturpark
Sumpf
Mangroven
© MERIAN-Kartographie
0
60 km
Cayo Guajaba
Cayo Sabinal
Playa Santa Lucía
Santa Lucía
Nuevitas
San Miguel de Bagá
Camalote
Playa la Victoria
Bahía de Manatí
Playa Covarrubias
Puerto Manatí
Playa Uvero
Playa la Jíbara
Playa de Caletones
Sibanicú
Manatí
Puerto Padre
Loma la Deseada
297
Vázquez
Jesús Menéndez
Gibara
243
Bahía de Barlay
Playa Guardalavaca
Playa Pesquera
Guardalavaca
Chorro de Maita
Punta de Mulas
Cordínez
Rafael Freyre
Los Ángeles
Grupo de Maniabón
459
Banes
Bahía de Banes
Antilla
El Ramón
Cayo Saetía
Bahía de Nipe
Guatemala
Bartle
Las Tunas
Guáimaro
San Andrés
Buenaventura
HOLGUÍN
Holguín
Tacajó
Jobabo
Memorial Cucalambé
Dormitorio
Mir
Cristino Naranjo
Báguanos
San Germán
Cueto
Marcané
Mayarí
Nicaro
Cayo Mambí
Sierra del Cristal
1231
Pico del Cristal
Sábalo
Vado de Jeso
Salado
Guamo
Cauto Cristo
Playa Habanero
Henequén
Punta Amansaguapo
Río Cauto
Alto Cedro
Altiplanicie de Nipe
995
Loma de la Mensura
Mayarí Arriba
Cayos Manzanillo
Manzanillo
BAYAMO
Julia
Mabay
Jiguaní
Mangos de Baraguá
Palmarito de Cauto
Contramaestre
Bayate
Campechuela
Yara
Bartolomé
Masó
Guisa
Los Negros
593
Palma Soriano
San Luis
Alto Songo
Costa Rica
Jamaica
Caney de las Mercedes
Maestra de los Libertadores
Victorino
Arroyón
Loma el Jobo
1128
Bellaire
581
Boniato
La Maya
La Gran Piedra
1214
Aguacate
San Lorenzo
La Güira
1294
Pico Caracas
C. La Plata
1347
Alto del Naranjo
1730 Pico la Bayamesa
Uvero
Chivirico
El Cobre
El Morro
SANTIAGO DE CUBA
Granjita Siboney
Siboney
789
Baconao
Niquero
Pilón
Punta Hicacos
Santiago de Cuba
Cayo Moa Grande
Moa
Punta Guarico
Pico el Toldo
1175
Cuchillas de Moa
Parque Nacional A. de Humboldt
Sagua de Tánamo
Alturas de Baracoa
Yunque de Baracoa
862
Cuchillas de Toa
R. Toa
Baracoa
Bernardo
725
Jamal
Punta del Fraile
Maisí
Guantánamo
719
Puriales de Caujerí
1059
Sierra del Purial
Pico el Gato
1176
Viaducto La Farola
La Máquina
GUANTÁNAMO
Imías
Cajobabo
Punta Caleta
Caimanera
Mártires de la Frontera
San Antonio del Sur
Yateritas
Playa Uvero
Punta Barlovento
US Naval Base
Paso de los Vientos

MERIAN-Straßen
KUBA
F
G
H
I
K
Océano Atlántico
Archipiélago de Sabana
Canal de San Nicolás
Península de Hicacos
Varadero
Cárdenas
Bahía de Cárdenas
Cayos de las Cinco Leguas
Limonar
Martí
Máximo Gómez
Jovellanos
Perico
Colón
Agramonte
Jagüey Grande
Manguito
Amarillas
Aguada de Pasajeros
Zarabanda
Australia
Laguna del Tesoro
Playa Larga
Buena Ventura
Yaguaramas
Cayo Ramona
Antón Recio
Playa Girón
Rodas
Cienfuegos
CIENFUEGOS
Castillo de Jagua
Jardín Botánico
Pico San Juan
1140
Río Hondo
Trinidad
Península de Ancón
Casilda
Sierra del Escambray
Manicaragua
Cumanayagua
Palmira
Cruces
Lajas
Ranchuelo
Cartagena
Esperanza
Santo Domingo
Manacas
Cascajal
Rodrigo
Corralillo
Rancho Velóz
La Teja
Baños de Elguea
Alturas del Noroeste
San José de los Ramos
Isabela de Sagua
Sagua la Grande
Villa Clara
Cifuentes
El Santo
Encrucijada
Camajuaní
SANTA CLARA
Placetas
Báez
Jarahueca
Fomento
Hanabanilla
Alturas de Santa Clara
Caibarién
Remedios
Cayo Fragoso
Cayos de la Herradura
Yaguajay
Mayajigua
Punta de Judas
Cayo Santa María
Cayo Guillermo
Cayo Coco
Cayo Paredón Grande
Cayo Guincho
Cayo Romano
Cayo Mégano Grande
Cayo Cruz
Máximo Gómez
Turiguanó
Morón
Chambas
Loma de Cunagua
338
Bolivia
Playa Guaney
Ciro Redondo
Primero de Enero
Ciego de Ávila
Majagua
Venezuela
Baraguá
Gaspar
Jícaro
Cabaiguán
Arroyo Blanco
Taguasco
Sancti Spíritus
Jatibonico
La Sierpe
El Jíbaro
Romero
Tunas de Zaza
Guasimal
Banao
V. de los Ingenios
Sancti Spíritus
Llanura de Júcaro a Morón
Esmeralda
Mamanantuabo
Cueva del Indio
Magarabomba
Sola
330
Cerro Tuabaquey
Senado
Piedrecitas
Florida
San Antonio
Playa de Florida
Cayos Ana María
Golfo de Ana María
El Chorro
La Tomatera
Vertientes
Jimaguayú
Siboney
CAMAGÜEY
Contramaestre
Concordia
Sierra del Chorrillo
Camagüey
301
Laguna Lamar
Cuatro Compañeros
Cayo Algodón Grande
Cayo Cuervo
Cayos Cinco Balas
Cayo Grande
Cayo Caballones
Cayo Anclitas
Archipiélago de los Jardines (Jardinillos) de la Reina
Laberinto de las Doce Leguas
Cayo Punta Macho
Cayos Pingües
Candilo Gonzales
Haití
Santa Cruz del Sur
Cayo Media Luna
Cayo Cabeza del Este
Golfo de Guacanayabo
Cayos Balandras
Las Coloradas
Cabo Cruz
Cayo Largo
C. de Dios
Mar Caribe




F
G
H
I
K

**CASA MUNOZ**
**José Martí No 401 e/ Fidel Claro y Stgo Escobar, Telefon (0419) 36 73, Preis auf Anfrage** Privatunterkunft in einem kolonialen Haus mit Mobiliar aus dem 19. Jh., Dachterrasse, die Vermieter sprechen Englisch

## ESSEN UND TRINKEN

**LA CHANCHANCHARA**
**Calle del Real e/ Boca y San José, Tel (0419) 43 45** Zwischen 11 und 15 Uhr gibt´s kubanische Volksmusik live. Spezialität ist der Cocktail Chanchanchara aus frisch gepresstem Zuckerrohrsaft, Rum, Honig, Saft von tropischen Früchten und Eis

**PALADAR ESTELA**
**Simón Bolívar No. 557, Telefon (0419) 43 29** Große Portionen sehr guten kubanischen Essens. Die nette Wirtin vermietet ein einziges stilvolles Zimmer

## MUSEEN

**MUSEO ROMÁNTICO**
**Fernando Hernández Echerri No. 52, Plaza Mayor, Tel. (0419) 43 63, Di-So 9-17 Uhr** Zeigt aristokratischen Lebensstil in der Kolonialzeit

## CIENFUEGOS

Französische Kolonisten gründeten die Stadt im 17. Jh. – großzügig angelegte Straßen und maurisch anmutende Architektur (G 3)

## ÜBER NACHT

**HOTEL JAGUA**
**Paseo del Prado No.1, Punta Gorda, Tel. (0432) 30 21, 154 Zi., DZ 90 US$** Zentral, außerdem das einzige Haus mit internationalem Standard

## ESSEN UND TRINKEN

**EL COCHINITO**
**Prado e/ 4 y 6, kein Telefon** Gut und günstig, Spezialitäten sind Schweinefleisch- und Hähnchengerichte

**PALADAR ESTELA**
**Simón Bolívar No. 557, Tel. (0419) 43 29** Sehr gute kubanische Küche in einem typischen Paladar

**RESTAURANT PALACIO DEL VALLE**
**Paseo del Prado, gegenüber Hotel Jagua** 1,5 Mio US$ gab Don Ciscle del Valle 1913 aus, um das einfache kreolische Landhaus in einen maurischen Palast zu verwandeln. Diktator Batistas Bruder machte in den 50ern ein lukratives Spielkasino daraus. Heute wird gute, kreolische Küche serviert

## AUSFLUG NACH PLAYA GIRÓN

Städtchen an der legendären Schweinebucht, wo Castro mit seinen Soldaten 1961 die von den USA unterstützte Invasion der Exilkubaner zurückschlug. Im Museo Girón ist die Invasion eindrucksvoll dokumentiert; daneben das Hotel Playa Girón Tel. (59) 41 10 (F 3)

## SANTA CLARA

## ÜBER NACHT

**HOTEL SANTA CLARA LIBRE**
**Parque Vidal No 6 e/ Tristán y Padre Chao, Tel. (0422) 275 48, 168 Zi., DZ 50 US$** Etwas angestaubt, aber zentraler geht's nicht (G/H 3)

**MOTEL LOS CANEYES**
**Ave. de los Eucaliptos y Circunvalación, Tel./Fax (0422) 21 81 40, 91 Zi. in Bungalows, DZ 60 US$** Ruhige Anlage, gutes Restaurant, 2 km vor Santa Clara

## MUSEUM

**MUSEO MEMORIAL CHÉ GUEVARA**
**Plaza de la Revolución, Carretera Central, Di-Sa 8-21, So 8-18 Uhr** Das Museum unterm Che-Denkmal erzählt anhand von Fotos, Landkarten, persönlichen Gegenständen und Waffen vom Leben des Volkshelden

## CAYO COCO

Die vielen Cocos, kleine, weiße Reiher, die von oben aussehen wie verschüttete Kokosmilch, haben der Insel ihren Namen gegeben, die über einen Damm zu erreichen ist – oder mit dem Flugzeug. „Cubatur", Telefon (07) 33 41 35, organisiert Tagesausflüge von Havanna nach Cayo Coco für rund 100 US$, Abflug in Havanna 5.30 Uhr, in Cayo Coco 16.30 Uhr, eingeschlossen ist der All-inclusive-Aufenthalt im Hotel „Sol Club Cayo Coco". Alle Hotels auf der Insel wurden in den 90er Jahren gebaut (I/K 3)

**HOTEL UND CLUB CAYO COCO TRYP**
**Playa Larga, Tel. (033) 30 13 11, Fax 30 13 86, DZ ab 150 US$** Ältestes und bestes Hotel, im Kolonialstil nachgebaut, familienfreundlich

## PLAYA SANTA LUCIA

Flache Lagunenlandschaft, doch nicht nur Wasserratten und Sonnenanbeter sind hier richtig. Das vorgelagerte Korallenriff ist nach dem Great Barrier Reef in Australien das zweitgrößte der Welt und mit Korallen, Höhlen und Wracks alter Galeonen ein Paradies für Taucher. 20 km Sandstrand. (L 4)

**HOTEL CUATRO VIENTOS**
**Nuevitas, Tel. (032) 361 60 u. 361 40, Fax 36 51 42, 412 Zi., DZ 80 US$**

# DER OSTEN

## SANTIAGO DE CUBA

Die heimliche Hauptstadt Kubas ist quirlig und die wohl karibischste aller Städte, und sie ist die Wiege der Musik: Hier findet man die berühmtesten Tanzläden der Insel und den spektakulären Karneval (N 6)
➤ **siehe auch S. 52**

## INFORMATION

**CUBATUR**
**Casa Granda, Parque Céspedes, Telefon (0226) 72 78**

## ÜBER NACHT

**HOTEL CASA GRANDA**
**Calle Heredia No. 201 esq. Lacret, Telefon (0226) 866 00, Fax 860 35, DZ ca. 100 US$** Ganz zentral am Parque Céspedes gelegenes, restauriertes Kolonialgebäude von 1920. Das Hotel hat ein schönes Restaurant mit großem Frühstücksbuffet, das auf der Dachterrasse genossen wird

**HOTEL SANTIAGO DE CUBA**
**Ave. de las Américas esq. M. Santiago, Tel. (0226) 426 12, 426 34 und 426 78, Fax 861 70, DZ 120 US$** 1991 eröffnet, sehr modern und geschmackvoll eingerichtete Zimmer. In manchen hängen Originalgemälde lokaler Künstler

## ESSEN UND TRINKEN

**SAN PEDRO DEL MAR**
**Carretera del Morro km 8, Telefon (0226) 912 87, tgl. 12-20 Uhr** Sehr gut sind Fisch und Meeresfrüchte, schönes Ambiente

**EL MORRO**
**Carretera del Morro km 9, Telefon (0226) 915 76, tgl. 9-21 Uhr** Kreolische Küche, Blick auf die Karibische See. Empfehlenswert ist das typische

**Zwei der 600 Einwohner von Cayo Granma, im Hintergrund die Festung El Morro in Santiago**

Schweinefleisch mit süßen Zwiebeln, *arroz congri* (Reis mit schwarzen Bohnen) und frittierten Bananen

**COPPELIA**
**Ave. de los Libertadores, esq. Garzón, Di - So 9 - 23 Uhr** Köstliches Eis zu erschwinglichen Peso-Preisen, deshalb auch von Kubanern gut besucht

**LA CORONA**
**Félix Pena No 807 esq. San Carlos** Beste Bäckerei der Stadt mit einer kleinen Cafeteria. Große Auswahl an Broten, Kuchen und süßen Sachen, die mit klebrigen Cremes gefüllt sind

**EL ZUNZUN**
**Ave. Manduley No. 159 e/ Ave. 5 y 7, Tel. (02 26) 413 69, Gericht um 10 US$** Kleine Räume mit privater Atmosphäre. Empfehlenswert: Hähnchen, Knoblauchshrimps, gemischter Grillteller und Shellfisch

**DOÑA NELLY**
**Carnicería No. 412 /e San Francisco y San Gerónimo, Telefon (02 26) 521 95** Gepflegter Paladar, freundliche Betreiber

## NACHTLEBEN

Ende des 19. Jhs. wurde im heißen Santiago de Cuba der Son erfunden

**CASA DE LA TROVA**
**Calle Heredia No 208 e/ San Pedro y San Félix, nahe dem Parque Céspedes** Tag und Nacht spielen gute Son-Bands auf der winzigen Bühne im kleinen, stets völlig überfüllten Raum

**CASA DE LAS TRADICIONES**
**Rabí No 154 e/ Princesa y San Fernando** Erstklassiger Son und Trova (Balladen) jede Nacht, kleines, altes Haus voller Atmosphäre, unter den Gästen sind viele Kubaner

**BAR CLAQUETA**
**Santo Tomás e/ San Basilio y Heredia, Mo geschl.** Kleiner Open-air Club mit guter Salsa-Livemusik, gelegentlich auch Discobetrieb, dann nerven *jineteras* (kubanische Prostituierte) und ihre Zuhälter

## FESTE

**KARNEVAL**
➤ **siehe auch S. 62**
Für drei Tage im Jahr verwandelt sich Santiago um den 25. Juli herum in ein einziges Rumbafestival, das mit einer Congaparade durch jeden Stadtteil Santiagos beginnt

**FESTIVAL DEL CARIBE**
Salsafestival Anfang Juli; bis zum Karneval kann man gleich durchfeiern

## SEHENSWERT

**PARQUE CÉSPEDES**
Der Platz hieß ursprünglich Plaza de Armas, Waffenplatz, und ist die Seele der Stadt. Am besten setzt man sich auf den Balkon des Hotels „Casa Granda", bestellt einen Cocktail und blickt herunter auf die Kathedrale (tgl. 8 - 12, hl. Messe tgl. 18.30, So 9.30 Uhr); mächtig und gelb getüncht wacht sie über dem Platz. Vom Balkon des Rathauses gegenüber verkündete Fidel Castro am 1. Januar 1959 den Sieg der Revolution. Links davon steht das älteste Haus Kubas, die Casa Diego Velázquez, das 1516 erbaute Wohnhaus des ersten Gouverneurs der Insel. Heute ist dort das Museum für koloniale Kunst untergebracht (geöffnet Mo bis Sa 9 - 17, So 9 - 13 Uhr)

**CALLE HEREDIA, CALLE ENRAMADA**
Die Straße geht vom Parque Céspedes ab und gehört den Gauklern, Puppenspielern, Troubadouren. Ganz langsam bummeln. Noch ein Flanier-Tipp: Die Hauptverkehrsstraße Enramada entlang bis zum Parque Dolores ist Domäne der Straßenmusiker

**FESTUNG EL MORRO**
**Mo - Fr 9 - 17, Sa und So 8 - 16 Uhr** Auf einem Kalkfelsen oberhalb Santiagos, etwa 10 km entfernt, steht die Festung Castillo de San Pedro de la Roca, kurz El Morro, mit einem Piraterie-Museum. Ein imposantes Bauwerk, 1633 - 93 gebaut nach Plänen des italienischen Militäringenieurs Juan Batista Antonelli. Die Festung sollte die Stadt vor Piratenangriffen schützen. Spektakuläre Aussicht auf die Bucht von Santiago und das Fischerdorf Cayo Granma gegenüber. Auf dem Rückweg nach Santiago lohnt sich ein Besuch im Parque Frank País mit seinen in allen Farben blühenden Bougainville-Büschen und einer Aussichtsterrasse, von der man wirklich alles sieht

## MUSEEN

**MUSEO DEL CARNEVAL**
**Calle Heredia No 301 e/ Pio Rosado y Porfirio Valiente, Di - So 9 - 17 Uhr** Fotografien und Zeitungsausschnitte, prächtige, farbenfrohe Kostüme und Requisiten vom Karneval der 40er und 50er Jahre

**MUSEO DE LA LUCHA CLANDESTINA**
**General Rabí No. 1 e/ Santa Rita y San Carlso, Tel. (02 26) 246 89, Mo bis Sa 9 - 17 Uhr** Fotos und journalistische Publikationen erzählen spannend von der rebellischen Geschichte der Stadt. Tipp: Nur ein paar Schritte entfernt ist die malerische, breite Treppe Padre Pico

**MONCADA-KASERNE (MUSEO DE 26 DE JULIO)**
**e/ Calle Dos y Avenida de las Libertadores, Mo - Sa 9 - 17, So 9 - 13 Uhr** Am 26. Juli 1953 missglückte Fidel Castro und seinen Rebellen der Überfall auf die Kaserne. Heute ist hier eine Schule und das Revolutionsmuseum untergebracht, das die Geschichte des langen Unabhängigkeitskampfes der Kubaner zeigt. An der Außenfassade sind immer noch deutlich die Einschüsse von 1953 zu sehen

## AUSFLÜGE

**GRAN PIEDRA**
Der höchste Berg der östlichen Sierra Maestra (1234 m) liegt in einem 4300 ha großen Nationalpark, der tausendjährige, baumartige Farne beherbergt, Lianen und wilde Orchideen. Den Gran Piedra („Großer Stein") findet man östlich von Santiago: Nach 10 km windet sich nach einer Abzweigung ein Sträßchen in die Berge hinauf. Den Gipfel erklimmt man zu Fuß über 460 Stufen. Wenn das Wetter gut ist, hat man von oben einen einzigartigen Rundblick über die Berge der Sierra Maestra, mit etwas Glück sieht man sogar Jamaica und Haiti

**COMANDANCIA DE LA PLATA**
Ausgangspunkt für den eineinhalbstündigen Fußmarsch ist Alto del Naranjo. Das Versteck in der Sierra Maestra richtete Fidel Castro mit seinen bärtigen Rebellen Ende 1957 ein und verbrachte dort fast ein Jahr. Das Lazarett ist noch zu sehen, der Doktor der Rebellen, Dr. Eduardo Ordaz, leitet heute das Psychiatrische Krankenhaus in Havanna. Auch die Sendestation des Senders „Radio Rebelde" ist noch da, der damalige Radiotechniker Orlando Payret lebt zurückgezogen in Havanna (L/M 6)

**US-MILITÄRSTÜTZPUNKT IN GUANTÁNAMO**
Vom Stützpunkt, den die Kubaner direkt neben der US-Basis errichteten, kann man einen Hügel erklimmen (oben ist eine Cafeteria) und auf das Territorium sehen, das die USA 1903 übernahmen – damals sollte es ein Instrument sein, mit dem die USA die Unabhängigkeit Kubas garantieren wollten. Entlang des etwa 40 km langen Stacheldrahtzauns liegen auf beiden Seiten 70 000 Tret- und Panzerminen. Im Stützpunkt leben etwa 7000 Menschen (O 6)

**VALLE EL COBRE**
Zwischen Santiago und Bayamo liegt der Ort mit der gleichnamigen Basilika aus dem 19. Jh. Sie ist der „Heiligen Jungfrau des Kupfers" gewidmet, der Nationalheiligen Kubas, denn bis ins 19. Jh. gab es hier eines der größten Kupfervorkommen der Welt. Ernest Hemingway stiftete der Madonna seine Nobelpreismedaille, die jahrzehntelang in der Basilika ausgestellt war, zweimal gestohlen und zurückgebracht wurde – jetzt ist sie an einem sicheren Ort. Geblieben ist ein Talisman, den Lina Ruz, die Mutter von Fidel Castro, der Jungfrau gestiftet hatte, um himmlischen Schutz für ihren Sohn in der Guerilla zu erflehen. Daneben ein Sammelsurium von Opfergaben wie Schmuck, Briefe, Fotos von Häftlingen aus anderen Ländern. Der Abstecher kostet von Santiago aus 40 US$ mit dem Taxi hin und zurück (N 6)

## BARACOA

200 km von Santiago entfernt liegt Baracoa am äußersten Ostzipfel der Insel, zu erreichen mit dem Auto

Gläubige bringen der Reihe nach Opfergaben zum Altar des Lázaro

## DER HEILIGE LAZARUS

**San Lázaro, wie ihn die Katholiken nennen, oder Babalú Ayé, wie er im afrokubanischen Kult heißt, ist ein mächtiger Heiliger: Er herrscht über Gesundheit und Krankheit. Sein Jahrestag ist ein einzigartiges Ereignis synkretistischer (katholisch-afrikanischer) Religion: Am 15. Dezember pilgern Tausende von Gläubigen zur Wallfahrtskirche in El Rincón bei San António de los Baños. Schweißgebadet rutschen sie auf Knien bis vor den Altar, sie beten und bringen Geschenke, um Befreiung von Schmerz und Krankheit zu erbitten. Manche lösen ein Versprechen ein, das sie dem Heiligen im Jahr zuvor gegeben haben. Im Rauch der Zigarren erscheint ihnen dann die Gottheit und heilt, lindert, tröstet**

A
B
C
D
E
Golfo de México
Estrecho de la Florida
Ciudad de la Habana
LA HABANA (HAVANNA)
Playas del Este
Santa María del Mar
Santa Cruz del Norte
Valle de Yumurí
Playa Baracoa
Cojimar
Guanabo
Campo Florido
Jaruco
MATANZAS
Ceiba Mocha
Madruga
San José de las Lajas
Alturas de Bejucal
Mariel
Bauta
Guanajay
Rincón
San Antonio de los Baños
Güines
Vegas
Artemisa
Alquizar
Güira de Melena
Melena del Sur
San Nicolás
Alacranes
El Estante
Playa Guanimar
Playa del Cajío
Surgidero de Batabanó
Playa del Caimito
Ensenada de la Broa
La Habana
Playa Majana
Cayos los Guzmanes
Cayo Mal País
Punta Cordo
Maneadero
Cayo Culebra
Golfo de Batabanó
Cayo Monterrey
Zapata
Península de Zapata
Cayos Gordas
C. de Diego Pérez
Pinar del Río
Archipiélago de los Colorados
Playa San Pedro
Bahía de la Mulata
Bahía Honda
Cayo Levisa
Cayo Inés de Soto
La Esperanza
Manuel Sanguily
Las Pozas
Palma Rubia
Las Cabañas
Las Terrazas
Cayajabos
Soroa
Candelaria
El Corojal
La Palma
Pico Grande 523
Cayo Jutías
Santa Lucía
Minas de Matahambre
Valle de Viñales
Viñales
San Cristóbal
Taco Taco
La Güira
Los Palacios
Consolación del Sur
Guaniguanico
Cordillera de Guaniguanico
Cantón
Ensenada de Dimas
PINAR DEL RÍO
Paso Real
Santa Rosa
Llanura Aluvial del Sur
Dimas
Vuelta Abajo
Los Órganos
San Carlos
Cayos de Buenavista
Arroyos de Mantua
Mantua
San Juan y Martínez
San Luis
Pinar de la Catalina
Playa Dayaniguas
Alonso de Rojas
Ensenada de Dayaniguas
Playa el Guanal
La Coloma
Ensenada de Coloma
Golfo de Guanahacabibes
Ciudad Bolívar
Guane
Isabel Rubio
Punta de Cartas
Bahía de Cortes
Laguna de Cortes
Bahía de Guadiana
Guanahacabibes
La Fé
Cortés
Manuel Lazo
Punta Cajón
Carabelita
Los Balcones
Los Morros
Penins. de Guanahacabibes
La Bajada
Las Martinas
Cabo Francés
Cueva Funche
Cabo de San Antonio
Bahía de Corrientes
María La Gorda
Cabo Corrientes
Cayos de San Felipe
Archipiélago de los Canarreos
I. de Mangles
Punta de los Barcos
Nueva Gerona
C. Grande
Playa Bibijagua
C. el Navío
La Demajagua
Atanagildo Cajigal
El Abra
Presidio Modelo
Cayos los Indios
Isla de la Juventud
C. San Juan
C. Traviesa
Banco de los Jardines
C. del Pasaje
Ensenada de la Siguanea
La Fé
La Reforma
Cabo Francés
Siguanea
Cayo Piedra
C. Matías
C. del Rosario
C. Iguana
Caleta Grande
Llanura Cársica del Sur
Punta del Este
C. Campo
Cayo Cantiles
Cueva de Finlay
Rincón del Guanal
Isla de la Juventud (Municipio Especial)



A B C D E

NATURPARKS

Kuba verfügt über 17 Naturreservate. Jede zweite der ungefähr 8000 Pflanzenarten ist endemisch, kommt also nur auf der Insel vor.

**PARQUE NACIONAL DE ALEJANDRO DE HUMBOLDT** Gelegen in den Provinzen Guantánamo und Holguín, beherbergt der Park in seinen tropischen Regenwäldern die meisten endemischen Pflanzenarten. Mit ca. 60000 ha Fläche ist er der zweitgrößte Naturpark der Insel

**REISEBÜRO ARCHIPIELAGO**
**Calle Martí No. 207, Baracoa, Tel. (021) 436 65** Organisation aller nur möglichen Touren

**CIÉNAGA DE ZAPATA** (Provinz Matanzas) ist mit Mangrovenwäldern und Sumpfgras das größte Feuchtgebiet der Karibik. Hier gibt es die vom Aussterben bedrohten Seekühe Manatees und die kubanischen Alligatoren Crocodylos rhombifer. In Guamá leben 40000 Krokodile auf einer Farm (tgl. 9-17 Uhr)

**HOTEL VILLA GUAMÁ**
**Laguna del Tesoro, Ciénaga de Zapata, Tel. (04 22) 29 79 und 41 31, zu erreichen nur mit dem Boot** Renovierungsbedüftige Bungalows in traumhafter Lage auf Pfählen – mitten im Lagunensee

**REISEBÜRO RUMBOS**
**Büro in der Lobby des Hotels Playa Larga (DZ US$ 50), Buenaventura, Tel. (059) 72 94, Fax (059) 41 41** Organisiert sämtliche Touren, auch Birdwatching

**DESEMBARQUE DE GRANMA** Zweitgrößte Korallenterrassen der Erde. Ausgedehnte Regen- und Mangrovenwälder am Südzipfel der Provinz Granma. Zahlreiche Lehrpfade, archäologische Stätten und Tauchexkursionen zum Riff

**REFUGIO DE FAUNA SILVESTRE RÍO MÁXIMO** Größte Wasservogelkolonie der Welt an der Nordküste der Provinz Camagüey. Seenlandschaft und Küstenwälder, Kubas Hot spot für nistende Flamingos

über eine kurvige, bucklige, malerische Straße, die „Farola", oder mit dem Flugzeug. Hier gründete Diego Velázquez 1511 die erste spanische Siedlung auf Kuba. Dank der abgeschiedenen Lage ist Baracoa ein ruhiges Städtchen geblieben. In der Catedral de Nuestra Señora de la Asunción am Parque Central ist ein altes Holzkreuz zu sehen, das Kolumbus vor 500 Jahren aufgestellt haben soll (O/P 5)

## ÜBER NACHT

**HOTEL EL CASTILLO**
**Calicto Garcia, Loma de Paraíso, Tel. (021) 421 03, DZ 70 US$** Das Hotel ist eine alte Burg und liegt auf einem Hügel; von der Hotelterrasse hat man einen wunderbaren Blick auf die Bucht, wo Kolumbus 1492 anlegte

## GUARDALAVACA

In der Provinz Holguín reihen sich mehr als 40 Naturstrände aneinander. Guardalavaca gehört zu den schönsten. Keiner kann übrigens erklären, woher der seltsame Name (deutsch: „Pass auf die Kuh auf!") kommt. Alle Hotels sind aus den 90er Jahren und bieten viele Extras. In der Anlage „Bahia Naranjo" kann man sogar man mit Delfinen schwimmen. (N 4)

**HOTEL DELTA LAS BRISAS CLUB RESORT**
**Playa Guardalavaca, Telefon (024) 33 53 01, 231 Zi., DZ ab 150 US$** Restaurants, Bars, Sportangebot, Pools

## LITERATUR

**Beate Schümann, MERIAN live! Kuba, Gräfe und Unzer 1999, 14,90 DM** Präzise Informationen, gute Tipps, viele Adressen, ideal für unterwegs

**Miguel Barnet: Alle träumten von Kuba, Suhrkamp 1981, 28 DM** Roman des berühmten Literaten und Abgeordneten Barnet über einen galicischen Auswanderer, der in Kuba sein Glück sucht

**Guillermo Cabrera Infante: Drei traurige Tiger, Suhrkamp 1995, 14,80 DM** Poetischer, trauriger und komischer Nachruf auf das Havanna der 50er Jahre. Säule der lateinamerikanischen Literatur

**Susan Cameron: Cuba Handbook, Footprint 2000, 38 DM** Einer der besten Reiseführer: Penibel recherchiert, übersichtlich in der Darstellung. Sowohl Hotel- und Restaurantempfehlungen, als auch interessante Hintergrundinformation (engl.)

**Alejo Carpentier: Le sacre du Printemps (deutsch), Suhrkamp 1995, 29,80 DM** Militärputsch, Rebellion und Revolution in Kuba: Weltberühmter Roman mit autobiographischen Zügen

**ders.: Mein Havanna. Geschichten über die Liebe zur Stadt, Ammann 2000, 29,80 DM** Literarischer Stadtführer mit persönlichem Blick und unglaublicher Ortskenntnis

**Hans Engels: Havana. The Photography of Hans Engels. Prestel 1999, 68 DM** Fotografischer Überblick über Havannas Architektur des 20. Jhs.

**Henky Hentschel u. Sven Creutzmann: Salsa einer Revolution, Rogner & Bernhard bei Zweitausendeins 2000, 29,90 DM** Fotograf und Autor leben seit Jahren auf Kuba, ihre leidenschaftliche, lebendige „Liebeserklärung" entspringt also nicht einer kurzen Romanze

**Alfred Herzka: Abschied vom Kommandanten?, Suhrkamp 1998, 19,80 DM** Reisereportagen, aus denen man eine Menge über den politischen und wirtschaftlichen Hintergrund und über die kubanische Lebenswirklichkeit erfährt

**Bert Hoffmann: Kuba. Beck'sche Reihe Länder, C.H. Beck 2000, 24,90 DM** Fundierter Überblick über Geschichte und Gegenwart, Politik und Wirtschaft, Gesellschaft und Kultur Kubas

**Ulli Langenbrinck: Cuba. Richtig Reisen, DuMont 2000, 39,80 DM** Übersichtlicher Reiseführer mit wichtigen Schwerpunktthemen über Land und Leute

**Thomas Mießgang: Der Gesang der Sehnsucht, Kiepenheuer & Witsch 2000, 18,90 DM** Die Geschichte des „Buena Vista Social Club" und der kubanischen Musik

**Eduardo Luís Rodriguez: The Havanna Guide: Modern Architecture 1925-1965, Princeton Architectural Press 2000, 53 DM** Zeichnungen und Fotografien aller wichtigen Gebäude Havannas der Baujahre 1925 bis 65. Informationen zu Architekten, Stilen, Baugeschichte (engl.)

**Michael Saur, Thomas Schuler: Das Leben war ein Pfeifen. Kubanische Fluchten, Picus 2000, 26 DM** Gesammelte Reisereportagen, auch über ungewöhnlichere Themen, beispielsweise über die Situation der jüdischen Bevölkerung Kubas

**Michi Strausfeld: Cubanísimo. Junge Erzähler aus Kuba. Suhrkamp 2000, 32 DM** Kurzgeschichten von Autoren wie Zoé Valdés und interessanten Neuentdeckungen

**Zoé Valdés: Das tägliche Nichts. btb/Goldmann 1998, 14 DM** Politisch brisanter Roman um eine junge Kubanerin. Eines der wichtigsten Bücher lateinamerikanischer Gegenwartsliteratur

## BILDNACHWEIS

Anordnung im Layout: o=oben, u = unten, r = rechts, l =links, m = Mitte. Titel: Antonina Gern; Seite 3 Oliver Lwowski; S. 4 o Jordis Schlösser, lm Antonina Gern, lu, rm Tina Hager: S. 5 ro Roberto Salas; S. 6 ro Jordis-Schlösser, m Rainer Kwiotek/Zeitenspiegel, lu Tina Hager, ru Jordis Schlösser; S. 8 o Alexis Leyva/Museum Ludwig, m Ricardo Ponce, lu Kinoarchiv Hamburg, r ICAIC; S. 10, 12/13, 17, 30 Jordis Schlösser, S. 14 Arne Müller, S. 15, 29, 32 Tria Giovan, S. 16, 18 bis 28 Antonina Gern; S. 34/35, 36/37, 38/39, 40/41, 42/43, 45 Hans Engels, S. 37, 39, 40, 42, 44, 46, 48 Tina Hager; S. 51 action press; S. 52-61 Tina Hager; S. 62 Sven Creutzmann/Zeitenspiegel; S. 66 Marc-Oliver Schulz; S. 68 Associated Press/José Goitia; S. 71, 80 Alberto Korda, S. 72, 74/75, 76 Raul Coralles, S. 73 Roberto Salas, S. 77, 78 Osvaldo Sallas, Seite 81-83, 87 Sven Creutzmann/Zeitenspiegel, S. 88 Actionpress/Saba Press; S. 90-106 Jordis Schlösser; S. 109 Arne Holadic, S. 110-114 Antonina Gern; S. 116/117-123 Sven Creutzmann/Zeitenspiegel; S. 124/125 Eagle Eye Tours Inc., S. 126 Dough Wechsler/VIREO; S. 127 v.l.n.r. Dough Wechsler/VIREO (2 Fotos), Robert Rattner (2 Fotos), S. 128 v.l.n.r. Wechsler/VIREO, Robert A.Tyrrell, Wechsler/VIREO (2 Fotos), S. 129 Rattner; S. 132 Gern, S. 133-135 Holger Keifel; S. 137, 138, 140 SvenCreutzmann/Zeitenspiegel; S.142/143, 150, 151 Anthony Caronia, S. 145 o, u, 152 Sven Creutzmann/Zeitenspiegel S. 154 lo Franz Marc Frei, ro Obie Oberholzer, lm, lu Gregor Lengler, ru Theo Allofs/Stone. **Karten:** Computerkartographie Huber, München.


## IMPRESSUM

Gegründet 1948 im HOFFMANN UND CAMPE Verlag zu Hamburg

**Herausgeber:** Manfred Bissinger

**Chefredakteur:** Holger Schnitgerhans

**Stellvertretende Chefredakteurin:** Gesa Engelschall

**Textchef:** Otmar Jenner

**Art Directorin:** Andrea Hinrichs

**Chef vom Dienst:** Tibor M. Ridegh

**Redakteure:** Barbara Baumgartner, Kathrin Sander, Charlotte von Saurma, Helga Thiessen

**Redakteurin dieses Heftes:** Barbara Baumgartner

**Redaktionsassistenz:** Imke Edzard, Jasmin Wolf

**Layout:** Dorothee Schweizer (stellvertr. Art Directorin), Ingrid Koltermann, Cornelia Böhling,

**Bildredaktion:** Eva M. Ohms, Hanni Rapp

**Kartographie:** Peter Münch

**Verlagsleitung:** Peter Rensmann

**Objektleitung:** Karsten Heyer

**Herstellung:** Heidrun Seven

**Gesamt-Anzeigenleitung (verantw.):** Roberto Sprengel

**Anzeigenleitung:** Christel Janssen

**Anzeigenstruktur:** Patricia Hoffnauer

**Vertriebsleitung:** Stefan Zastrutzki (Zeitschriftenhandel), Jan Wiesemann (Buchhandel)

MERIAN erscheint monatlich im JAHRESZEITEN-VERLAG GMBH, Poßmoorweg 5, 22301 Hamburg, Tel. 040/2717-0, Fax 040/2717-2056. Anschrift der Redaktion: Harvestehuder Weg 42, 20149 Hamburg, Postfach 13 04 44, 20139 Hamburg, E-Mail: Redaktion@Merian.de · Tel. 040/4 41 88-0 · Telefax: 4 41 88-310 · Internet: www.merian. jalag.de · **Leserservice: Postfach 60 15 40, 22215 Hamburg, Tel. 01 80/5 11 01 10, Fax 0 40/ 27 17 - 20 79** · Gültige Anzeigenpreisliste: Nr. 37 · Das vorliegende Heft November 2000 ist die 11. Nummer des 53. Jahrgangs · Diese Zeitschrift und die einzelnen Beiträge und Abbildungen sind urheberrechtlich geschützt. Jede Verwertung außerhalb der engen Grenzen des Urheberrechtsgesetzes bedarf der Zustimmung des Verlages · Keine Haftung für unverlangt eingesandte Manuskripte und Fotos · Preis im Abonnement monatlich 12,45 DM inklusive Zustellung frei Haus · Der Bezugspreis enthält 7 % Mehrwertsteuer · Kündigungen 6 Wochen zum Ende des Bezugsquartals · Postgirokonto Hamburg 299453-202 (BLZ 200 100 20) · Vereins- und Westbank AG, Hamburg, Konto-Nummer 2/16 739 (BLZ 200 300 00) · Führen in Lesemappen nur mit Genehmigung des Verlages · Printed in Germany · Litho: Alphabeta Druckformdienst GmbH, Hamburg. Druck und Verarbeitung: Christian Heckel GmbH, Nürnberg.
**ISBN: 3-7742-6511-9**

MERIAN (USPS No. 011-458) is published monthly. The subscription price for the USA is $110 per annum. K.O.P.: German Language Publications, Inc., 153 South Dean Street, Englewood NJ 07631. Periodicals postage is paid at Englewood NJ 07631, and at additional mailing offices. Postmaster: send address changes to: MERIAN, German Language Publications, Inc., 153 South Dean Street, Englewood NJ 07631.

# VORSCHAU SÜDAFRIKA

**Ein weites Land: vier Klimazonen, neun Provinzen, elf offizielle Sprachen und unendlich viele Hoffnungen**

**Klein Karoo: die Wiederentdeckung einer alten Landschaft**

**DIE THEMEN:** Reise durch das Herzland der Buren • Megacity Johannesburg – geliebt, gehasst, gefürchtet • Glasperlen-Kunststücke • Der Strauß, das unbekannte Wesen • Kapstadt: Jenseits von Afrika • Cotê d'Azur des Kontinents: Luxus entlang der Garden Route • Weingüter für Feinschmecker Diamanten: Funkelnde Versuchung für harte Kerle

**Prächtiges Kapstadt: von der Leichtigkeit des Seins in einer zweigeteilten Stadt**

**Der Strauß: ein Vogel mit Superlativen, der Südafrika zu Glanz und in den Ruin trieb**

**Die zuletzt erschienenen Ausgaben**

**Die folgenden Ausgaben**

**Steiermark**
**Japan**
**Paris**
**USA: Die Südstaaten**
**Krakau**
**Schweden**
**Schottland**
**Ligurien**